Der Geschmack der Kindheit

Magda Dröstel

Der Geschmack der Kindheit

Die besten Rezepte von früher

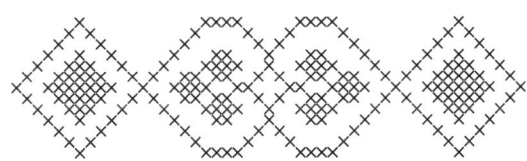

Jan Thorbecke Verlag

VERLAGSGRUPPE PATMOS

PATMOS
ESCHBACH
GRÜNEWALD
THORBECKE
SCHWABEN

Die Verlagsgruppe
mit Sinn für das Leben

Für die Schwabenverlag AG ist Nachhaltigkeit ein
wichtiger Maßstab ihres Handelns. Wir achten
daher auf den Einsatz umweltschonender
Ressourcen und Materialien. Dieses Buch wurde
auf FSC®-zertifiziertem Papier gedruckt. FSC
(Forest Stewardship Council®) ist eine nicht
staatliche, gemeinnützige Organisation, die sich
für eine ökologische und sozial verantwortliche
Nutzung der Wälder unserer Erde einsetzt.

© 2011 Jan Thorbecke Verlag der Schwabenverlag AG,
Ostfildern
www.thorbecke.de

Gestaltung:
Finken & Bumiller, Stuttgart, Saskia Bannasch
Druck:
Firmengruppe APPL, Wemding
Hergestellt in Deutschland
ISBN 978-3-7995-0709-7

Inhalt

Der Geschmack der Kindheit

Es sind nur Momentaufnahmen, die wie Sternschnuppen aufglühen und verlöschen, ausgelöst durch einen Geschmack, einen Geruch, ein Ereignis – und plötzlich sind sie da, die Erinnerungen an unsere Kindheit.

Man sieht sich mit Mutter in der Küche stehen und Kartoffeln reiben für die sonntäglichen Knödel. In der Röhre brutzelt der Schweinebraten und der Duft wabert durch die Küche. Oder samstags beim Backen des Sonntagskuchens – je nach Jahreszeit entweder Blechkuchen mit dem gerade verfügbaren Obst oder die verschiedensten Rührkuchen, wobei die Rührkuchen noch mit dem Kochlöffel ca. 20 Minuten gerührt wurden, denn das Rührgerät war noch nicht in den Haushalten angekommen. Überhaupt war früher vieles anders. Wenn ich heute Sahne schlage, denke ich zum Beispiel immer daran, dass man früher fertig geschlagene Sahne im Milchgeschäft kaufte. Einmal sollte ich Sahne holen, doch auf dem Heimweg stippte ich immer wieder mit dem Finger in die Sahne, sodass schließlich mehr als die Hälfte fehlte und ich sehr geschimpft wurde. Doch der Geschmack dieser Sahne liegt mir heute noch auf der Zunge.

Als Kind wusste man, wo es das billigste Eis gab, die Kugel zu 5 Pfennigen, und man lief mindestens 2 Kilometer, um das Eis dort zu kaufen. Überhaupt war das Einkaufen früher anders. Da gab es die Milchläden, in denen man die Milch offen kaufen konnte, wenn man nicht einen Bauern an der Hand hatte. Auch Quark, Käse und Butter kaufte man nicht verpackt, sondern offen. Im Gemüseladen erhielt man die Saisongemüse, dazu Bananen und Orangen und als Krönung die Ananas, die man sich aber nicht leisten konnte. Der heutige Supermarkt war damals ein größerer Laden mit einer Theke, hinter der die Verkäuferinnen in Reihe standen und die Käufer bedienten. Mehl, Zucker, Grieß etc. wurden dort in Tüten abgefüllt und abgewogen. An Fisch erhielt man in küstenfernen Regionen meist nur Salzhering aus dem Fass – als Ersatz gab es Lebertran, der schrecklich schmeckte, bis es den Lebertran mit Orangengeschmack gab, den wir liebten.

Für das Kochen hatte meine Mutter einen unsichtbaren Kompass. So aßen wir sonntags immer eine Suppe und Fleisch in Form von Braten, den es dann aufgewärmt noch einmal am Montag gab. Am Dienstag wurde dann eine Mehlspeise gekocht, manchmal waren dies auch die übrigen Knödel vom Sonntag, die geröstet und mit Apfelmus serviert wurden. Mittwochs gab es dann entweder Innereien, wie Nieren, Leber oder Lunge, oder Blut- und Leberwürste vom Metzger, die billig zu haben waren. Am Donnerstag war Wochenmarkt, und Mutter brachte immer frisches Gemüse mit, das dann zu einem Eintopf verarbeitet wurde. Die Freitagsküche war wieder

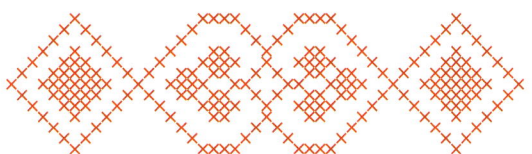

fleischlos, entweder aßen wir Fisch oder eine Mehlspeise. Samstags war Putztag, da gab es nur eine Suppe und Stadtwurst oder Leberkäse, weil Mutter keine Zeit für aufwendiges Kochen hatte.

Um das ganze Jahr die Grundversorgung für die Familie zu gewährleisten, wurden Früchte wie Kirschen oder Birnen eingemacht, Äpfel zu Apfelmus verarbeitet, Marmelade gekocht, im Herbst die Karotten in Sand eingelegt, Pilze getrocknet und Kartoffeln in für heutige Maßstäbe riesiger Menge eingekellert. Im Winter griff man dann, wenn das Gemüseangebot nur noch aus Kohl bestand, gerne auf getrocknete Erbsen, Bohnen oder Linsen und natürlich Sauerkraut zurück.

Durch den fortschreitenden Wohlstand und natürlich den Kühlschrank änderte sich jedoch die Küche. Plötzlich hielten kalte Platten bei festlichen Gelegenheiten Einzug, wobei auf keinen Fall der Fliegenpilz (ein hart gekochtes Ei, gekrönt mit einer halben Tomate mit Mayonnaisetupfen) und schön garnierte Pumpernickelhäppchen fehlen durften. Dann kamen Russische Eier, Wurst- und Fleischsalat, Käse-Weintrauben-Igel und als absoluter Luxus Lachs dazu.

Und noch später, wenn man ganz up to date sein wollte, servierte man Toast Hawaii, Gulaschsuppe, Spargelröllchen mit gekochtem Schinken oder Blätterteig-Pasteten, gefüllt mit Hühnchenfleisch. Und dann gab es nicht mehr nur Salzkartoffeln oder Knödel an den Sonntagen. Die Pommes frites hatten Einzug in die Küche gehalten, zwar noch zum Selbstschneiden, aber trotzdem: Sie waren da. Durch die italienischen Gastarbeiter lernten wir Pizza und Spaghetti mit Tomatensoße kennen, die es dann bald auch zu Hause gab und die schnell zum Liebling von Jung und Alt wurden. Überhaupt wurden nun an allen Ecken und Enden der Stadt neue Lokale eröffnet, denn jetzt galt es als schick, am Samstagabend mit der Familie beim Italiener oder Jugoslawen zum Essen zu gehen oder am Sonntagnachmittag einen Eisbecher im Café zu genießen. Zunehmend wurden wir

auch offener für Spontaneinladungen und Kaffeetrinken mit Freunden, was in den 60er Jahren noch undenkbar war. Bald wurde auch das Angebot in den für heutige Verhältnisse noch kleinen Supermärkten reichlicher und exotischer, denn es gab fast ganzjährig frisches Obst und Gemüse und die ersten Fruchtsaftgetränke. Die Konservendosen und Fertigmarmeladen lösten das Einmachen ab und waren nun in jeder Vorratskammer zu finden.

Heute sind wir so weit, dass wir fast alles ganzjährig kaufen können. In den Supermärkten türmen sich Waren aus aller Herren Länder, und mit großer Selbstverständlichkeit haben exotische Früchte und Gewürze Einzug in unsere Alltagsküche gehalten. Erst in letzter Zeit findet wieder ein Umdenken statt – hin zu regionalen und saisonalen Zutaten, so wie es früher war.

Bei all der Vielfalt, die es heute gibt, sind es oft aber gerade die einfachen Gerichte, die unser Herz höher schlagen lassen – die Gerichte, die wir mit unserer Kindheit verbinden: Großmutters Sonntagssuppe, der Festtagsbraten, wie nur Mutter ihn machen konnte, oder der unvergleichliche Kaiserschmarrn mit selbst gemachtem Apfelmus. Für jeden sind es andere Gerichte, doch jeder Bissen, den wir von ihnen zu uns nehmen, bringt ein Stück Kindheit zurück: das Gefühl der Geborgenheit in Mutters Küche, den einzigartigen Duft von Omas Kuchen, die Momente puren Glücks, die man als Kind besonders intensiv empfindet. Wenn ich heute meiner erwachsenen Tochter eine Freude bereiten will, dann mache ich ihr eine gute Hochzeitssuppe oder Kaiserschmarrn. Wenn ich dann sehe, wie sich in ihrem Gesicht Genuss und Entzücken widerspiegeln, dann bin auch ich wieder das Kind, das die gleichen Gerichte bei seiner Mutter so liebte, und freue mich, dass es oft der vertraute Geschmack der einfachen Küche ist, der uns glücklich macht – eben der Geschmack der Kindheit.

Ihre Magda Drastel

Herzhafte Gerichte

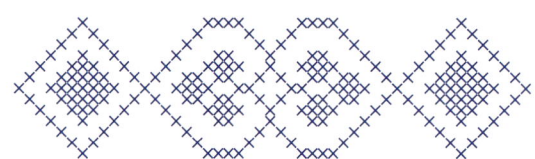

Fränkische Hochzeitssuppe

Hochzeitssuppen waren schon immer die beste Suppe schlechthin, die die jeweilige Region zu bieten hatte. Grundlage war meist eine kräftige Hühner- oder Rindfleischbrühe. Im Fränkischen z.B. gab es nach der Hochzeitssuppe dann das darin gekochte Rindfleisch mit einer Meerrettichsoße und Kartoffeln als zweiten Gang vor dem Braten.

Bei uns gab es Hochzeitssuppe immer an den höchsten Feiertagen, denn die verschiedenen Klößchen als Suppeneinlage sind aufwendig in der Herstellung. Wir Kinder aßen meistens zwei Teller davon. Dann waren wir mehr als satt und mussten bei den anschließenden Gerichten passen. Das Besondere daran sind aber die verschiedenen Suppeneinlagen:

FÜR 15–20 SEMMELKLÖSSCHEN:

100 g Butter | 2 Eier | 2 EL Mehl | Semmelbrösel | 1 Prise Salz | 1 Prise geriebene Muskatnuss | 1 TL klein gehacktes Petersiliengrün

1. Die Butter mit dem Handrührgerät schaumig rühren, 1 Ei, 1 EL Mehl und ca. 2 EL Semmelbrösel dazurühren, dann erst das zweite Ei, das restliche Mehl, das Salz, die Muskatnuss, die Petersilie und weitere 3 EL Semmelbrösel einrühren. Sollte der Teig noch zu weich sein, weitere Semmelbrösel zugeben. (Am besten mit den Händen einkneten, da man die Teigkonsistenz so besser spüren kann.) Der Teig muss fest, aber nicht starr sein. (Sollte Ihnen der Teig doch einmal etwas zu fest geraten sein, einfach etwas Wasser zugeben und nochmals durchkneten.) **2.** Aus der Masse nussgroße Klößchen formen, dabei immer wieder die Hände leicht anfeuchten. Die Klößchen in die kochende Fleischbrühe einlegen und die Hitze zurückschalten, sodass die Klößchen nur noch ziehen. Nach ca. 10 Minuten sind sie fertig und schwimmen auf der Oberfläche.

GEBACKENE SEMMELKLÖSSCHEN:

1. Den Teig wie oben beschrieben zubereiten. **2.** In einem Töpfchen Butterschmalz oder Öl erhitzen (ca. 180 °C). Ein Probeklößchen einlegen und beobachten, wie lange es braucht, um braun zu werden. Dementsprechend die Temperatur erhöhen oder reduzieren. Die normale Backzeit beträgt ca. 3 Minuten. **3.** Nach dem Backen auf Küchenkrepp abtropfen lassen und erst dann in die Suppe einlegen und ca. 10 Minuten ziehen lassen.

VORSICHT: *Das Fett fängt immer heftiger zu schäumen an, je mehr Klößchen gebacken wurden, sodass bei der dritten oder vierten Runde weniger Klößchen ins Fett dürfen, sonst schäumt das Fett über.*

Für 25 Leberklösschen:

200 g gemahlene Rindsleber | ca. 50 g ausgelassenes Fett aus Markknochen (zerlassene Butter geht auch) | Salz | Pfeffer | 1 Msp. Majoran | 1 Msp. geriebene Zitronenschale | 1 TL gehacktes Petersiliengrün | 2 Eier | 150 g Semmelbrösel

1. Über die Rindsleber das Markfett oder die Butter geben, die Gewürze sowie die Eier zufügen und alles verrühren. Anschließend die Semmelbrösel untermengen. **2.** Mit feuchten Händen kleine Klößchen formen und in die kochende Fleischbrühe einlegen (am besten zusammen mit den Semmelklößchen) und ca. 10 Minuten sieden lassen.

Unbedingt zur Suppe gehören die Biskuits, für die es sogar eigene Backformen mit kleinen Mustern gibt.

Für 40 Biskuits:

100 g Butter | 6 Eier | 6 gehäufte EL Mehl | Salz | evtl. 1 Msp. Backpulver

1. Die Butter in einer Schüssel schaumig rühren, jeweils 1 Ei mit einem gehäuften EL Mehl dazurühren. Immer erst das nächste Ei dazugeben, wenn das vorherige gut im Teig eingebunden ist. Zum Schluss eventuell das Backpulver untermischen. **2.** Falls eine Form vorhanden ist, diese mit Butter ausstreichen und jeweils einen Teelöffel Teig in die Mulde füllen. Sonst den Teig auf ein kleines Backblech oder in eine rechteckige, gefettete Backform einfüllen und hinterher in Würfel schneiden. Die Backzeit beträgt ca. 8 Minuten bei 175 °C.

Grießknöpflessuppe

Diese Suppe wird zu besonderen Festtagen im schwäbischen Ries serviert.

Für 4 Personen:

½ l Milch | 250 g Grieß | 1 EL Butter | 6 Eier | Salz | geriebene Muskatnuss | Ausbackfett (z.B. Biskin o. Ä.) | 1,5 l gute Fleischbrühe

1. Die Milch zum Kochen bringen und unter Rühren den Grieß einrieseln lassen. So lange rühren, bis sich der Grieß als Kloß vom Topf löst, dann vom Herd nehmen. **2.** Etwas abkühlen lassen und nacheinander unter Rühren erst die Butter, dann die Eier einzeln einrühren. Mit Salz und Muskatnuss abschmecken. **3.** In einem Topf oder einer Friteuse das Fett erhitzen und mit einem Teelöffel kleine Nocken abstechen und im schwimmenden Fett ausbacken. **4.** Mit der kochenden Fleischbrühe übergießen und 8–10 Minuten ziehen lassen.

Kartoffelsuppe

FÜR 6 PERSONEN:

ca. 800 g Kartoffeln | 1 Zwiebel | 1 Stange Lauch | 2 Möhren |
1 Bund Liebstöckel | ½ Sellerieknolle | 1,5 l Rinderbrühe |
evtl. auch Instant | Salz | Pfeffer | 3 EL Majoran | 2 EL Sahne

1. Die Kartoffeln waschen, schälen und in Stücke schneiden.
Die Zwiebel, den Lauch, die Möhren, das Liebstöckel und
den Sellerie ebenfalls klein schneiden und zusammen mit
den Kartoffeln in der Brühe weich kochen. **2.** Mit dem Mix-
stab fein pürieren und mit Salz und Pfeffer gut abschmecken.
Zum Schluss den Majoran und die Sahne unterrühren.

TIPP: *Zur Suppe passen gut geröstete Semmelwürfel, aber auch
Wiener Würstchen.*

Erbsensuppe mit Bandnudeln

Die Erbsensuppe meiner Mutter war eigentlich mehr ein Eintopf als eine Suppe, denn sie war dick und sämig, und die Bandnudeln darin gaben der Suppe noch mehr Konsistenz. Da die Erbsensuppe leicht anbrennt, sollte man eine Scheibe Brot mitkochen, denn dann sinken die Erbsen nicht auf den Boden und brennen an.

FÜR 4 PERSONEN:
300 g getrocknete ungeschälte Erbsen | einige Speck-
schwarten oder etwas Rauchspeck | 3 EL klein gewürfeltes
Suppengrün | Salz | Pfeffer | 100 g geräucherter Bauch |
2 Zwiebeln | 1 EL Majoran

1 Die Erbsen am besten über Nacht in 1,5 l Wasser einweichen. Am nächsten Tag die Erbsen zusammen mit den
Speckschwarten in dem Einweichwasser bei milder Hitze
ca. 2 Stunden gut weich kochen. Nach einer Stunde Kochzeit das Suppengrün dazugeben. Nach dem Ende der Kochzeit die Erbsen durch ein feines Sieb treiben. **2** Die Suppe
salzen und pfeffern. Den geräucherten Bauch in kleine
Würfel schneiden und in einer Pfanne auslassen, die Zwiebel würfeln und darin goldbraun rösten. **3** Die Bandnudeln
in einem separaten Topf kochen, abgießen und in die Erbsensuppe füllen. Darüber die Speck- und Zwiebelwürfel geben.
Mit Majoran und Pfeffer bestreuen und servieren.

TIPP: *Wenn Sie ein Stück einer Erbswurst mitkochen, bekommt die
Suppe einen noch aromatischeren Geschmack.*

Bäckerofen

Ich erinnere mich, dass es den Bäckerofen bei einem meiner seltenen Besuche bei der Pfälzer Großmutter gab. Wie war ich da erstaunt, als ich sah, dass der Auflauftopf mit einem Deckel aus Brotteig verschlossen wurde und so in den Ofen kam. Aber ich erinnere mich noch gut, dass es wunderbar schmeckte, obwohl mir als waschechter Fränkin damals das Kochen mit Wein recht seltsam vorkam. Der Name Bäckerofen kommt wohl davon, dass es ihn immer dann gab, wenn Brot gebacken wurde, weil man dann den Bäckerofen im noch warmen Brotbackofen garen ließ und ihn mit einem Rest des Brotteiges verschloss.

FÜR CA. 4 PERSONEN:
250 g Rindfleisch | 250 g Schweineschulter | 250 g Lamm-fleisch (kann auch weggelassen werden, dann entsprechend mehr Rind- und Schweinefleisch nehmen) | 2 Knoblauch-zehen | 2 Lorbeerblätter | 5 Wacholderbeeren | 5 Pfefferkörner | 2 Nelken | ¼ l Weißwein | 750 g Kartoffeln | 5 Zwiebeln | Salz | Pfeffer | Majoran | Butterflöckchen | auf Wunsch: ca. 500 g Brotbackmischung »Bauernbrot« oder »Roggenmischbrot«

1. Das Fleisch würfeln, die Knoblauchzehen zerdrücken. Die Lorbeerblätter, die Wacholderbeeren, die Pfeffer-körner, die Nelken und den Wein dazugeben und über Nacht zugedeckt marinieren. **2.** Am nächsten Tag die Kartoffeln schälen und in Scheiben schneiden, die Zwiebeln schälen und in Ringe schneiden. Das Fleisch aus der Marinade nehmen. **3.** In einen Römertopf oder eine feuerfeste Form mit Deckel abwechselnd eine Lage Fleisch, dann Kartoffeln und Zwiebelringe schichten. Jede Lage mit Salz, Pfeffer und Majoran bestreuen. Die oberste Schicht besteht aus Kartoffeln. Die Marinade aufkochen, durch ein Sieb gießen und über den Auflauf geben. Auf die letzte Schicht noch Butterflöckchen setzen und zudecken. **4.** Im Backofen bei 200 °C ca. 2 Stunden garen. In der letzten halben Stunde den Deckel ab-nehmen, damit die Oberfläche schön braun wird (entfällt beim Brotdeckel).

TIPP: *Dazu passen ein frischer Salat und frisch gebackenes Brot. Zu einem Original-Bäckerofen gehört der Brotdeckel. Falls Sie möchten, können Sie die Brotbackmischung nach Anleitung herstellen, den Teig ca. 2 Zentimeter dick ausrollen und die Backform damit fest verschließen. Den Teig an den Rändern einfach überhängen lassen.*

Schlesisches Himmelreich

Dieses Rezept kam wie viele andere nach dem Krieg mit den vielen Heimatvertriebenen aus Schlesien zu uns und wurde dann langsam, aber sicher in die hiesige Küche integriert.

FÜR 4 PERSONEN:
350 g Backobst (getrocknete Äpfel, Birnen oder Zwetschgen) | 400 g geräucherter Schweinebauch | 1 Stange Zimt | 1 Prise gemahlene Nelken | Schale einer Bio-Zitrone, hauchdünn geschält | 30 g Butter | 30 g Mehl | Salz | Zucker

1. Das Backobst über Nacht in ca. ½ l Wasser einweichen.
2. Den Schweinebauch in 1 l Wasser aufsetzen und ½ Stunde kochen lassen. Dann das Backobst samt Einweichwasser, den Zimt, die Nelken und die Zitronenschale dazugeben und weitere 30 Minuten köcheln lassen. **3.** Das Fleisch herausnehmen und in Stücke schneiden, die Butter in einem Topf schmelzen lassen und darin das Mehl goldgelb anschwitzen und mit ½ l der Kochbrühe ablöschen. Mit Salz, Zucker und evtl. etwas Zitronensaft abschmecken, dann das Backobst und das Fleisch wieder hinzufügen und nochmals heiß werden lassen.

TIPP: *Dazu passen Semmelklöße oder Mehlklöße sehr gut.*

Bigosch

Dieses Rezept stammt von unserer schlesischen Nachbarin, die uns als Kinder oft mitversorgte, wenn unsere Mutter abwesend war.

FÜR 4 PERSONEN:
100 g geräucherter Bauchspeck | 1 EL Schmalz | 500 g Schweineschulter ohne Knochen | Salz | Pfeffer | Muskat | Paprika rosenscharf | ¾ l Fleischbrühe | 500 g Weinsauerkraut | 800 g Kartoffeln

1. Den Speck von der Schwarte befreien und in Streifen schneiden. Im zerlassenen Schmalz etwas anbraten. Das in grobe Würfel geschnittene Fleisch beifügen und mit Salz, Pfeffer, Muskat und Paprika würzen. Mit der Brühe aufgießen und zugedeckt eine halbe Stunde schmoren lassen. Das Sauerkraut klein schneiden, dem Fleisch beifügen und weitere 30 Minuten leicht köcheln lassen. **2.** Die Kartoffeln schälen, in 0,5 cm dicke Scheiben schneiden und separat in Salzwasser fast gar kochen. Vorsichtig unter die Sauerkraut-Fleisch-Masse heben. Nochmals kräftig mit schwarzem Pfeffer abschmecken.

Linsen und Spätzle

Linsen und Spätzle war der klassische Wintereintopf. Meistens kochte meine Mutter die Portion so groß, dass sie auch noch für den nächsten Tag ausreichte, wobei es am nächsten Tag dann noch besser schmeckte. Oft wurde gekochter, klein geschnittener Bauchspeck hineingeschnitten oder es gab warm gemachte geräucherte Bratwürste dazu.

FÜR 6 PERSONEN:
1 Zwiebel | 2 Knoblauchzehen | 1 Lorbeerblatt | 300 g braune Linsen | 20 g Butter | 2 EL Mehl | ¼ l Fleischbrühe | Salz | Pfeffer | 4 EL Essig

SPÄTZLE
350 g Mehl | 2 Eier | Salz | ca. 1/8 l Wasser | 1 EL Öl oder Butter

1. Die Zwiebel und die Knoblauchzehen pellen und im Ganzen mit dem Lorbeerblatt zu den Linsen in 1 l kaltes Wasser geben. Die Linsen langsam erhitzen und in ca. 45 Minuten weich kochen. **2.** Die Butter in einem Topf schmelzen lassen, das Mehl einrühren und unter Rühren anbräunen, mit der Fleischbrühe ablöschen, dann die Linsen samt Kochbrühe (Knoblauchzehen, Zwiebel und Lorbeerblatt vorher entfernen) dazugießen. Mit Salz, Pfeffer und Essig kräftig abschmecken. **3.** Für die Spätzle Mehl, Eier, Salz und Wasser zu einem Teig verarbeiten und so lange schlagen, bis er Blasen wirft, dann das Fett unterrühren. **4.** In einem großen Topf Salzwasser zum Kochen bringen. Den Teig von einem Spätzlehobel oder Sieb direkt ins kochende Wasser fallen lassen. (Meine Mutter hat den Teig mit einem Teelöffel direkt von einem Brett in das Salzwasser geschabt.) **5.** Sobald die Spätzle nach oben steigen, mit einem Schaumlöffel aus dem Wasser nehmen, zu den Linsen geben und beides gleich servieren.

Bunter Sauerkrauteintopf

Für 4 Personen:
750 g Kartoffeln | 2 EL Butter | 800 g Weinsauerkraut (vom Fass oder aus der Dose) | 1 l klare Brühe | 2 rote Paprika-schoten | 4 Kochwürste oder geräucherte Bratwürste | Salz | Pfeffer | 1 Bund gehackte Petersilie

1. Die Kartoffeln schälen und in Stücke schneiden. Die Butter in einem Topf erhitzen und die Kartoffeln darin anschwitzen, das Sauerkraut zufügen und mit der Brühe aufgießen. Ca. 30 Minuten leicht köcheln lassen, die in Würfel geschnittenen Paprikaschoten zufügen. **2.** Weitere 15 Minuten kochen, dann die in Stücke geschnittenen Würste einlegen. Ca. 10 Minuten ziehen lassen, den Eintopf mit Salz und Pfeffer abschmecken und mit der gehackten Petersilie bestreuen.

Himmel und Erde

Für 4 Personen:
800 g mehlig kochende Kartoffeln | Salz | 800 g Äpfel | 1 EL Zucker | 2 EL Zitronensaft | 4 Zwiebeln | 3 EL geräucherter Bauch | 200 ml Milch | 2 EL Butter | Muskatnuss | 400 g Blutwurst in 1 cm dicken Scheiben

1. Die Kartoffeln schälen, vierteln und in leichtem Salz-wasser gar kochen. Die Äpfel schälen, vierteln, das Kern-haus entfernen und zusammen mit dem Zucker und dem Zitronensaft auf kleiner Flamme weich dämpfen. **2.** Die Zwiebeln schälen und in Ringe schneiden. Den geräu-cherten Bauch fein würfeln und in einer Pfanne knusprig anbraten, die Zwiebeln zufügen und unter häufigem Wenden hellgelb braten. **3.** Die Kartoffeln abgießen und mit dem Stampfer zu Mus zerstampfen. Die Milch mit der Butter sowie dem Salz und der Muskatnuss erhitzen und nach und nach unter die Stampfkartoffeln mengen, die weichen Äpfel zufügen und alles mit dem Schneebesen gut verrühren. In eine feuerfeste Auflaufform füllen. **4.** Die Speckwürfel und Zwiebeln aus der Pfanne nehmen und daraufschichten. Im vorgeheizten Backofen ca. 10 Min. bei 200 °C überbacken. **5.** Die Blutwurstscheiben im Bratfett der Zwiebeln ca. 2 Minuten braten und vor dem Servieren auf den Auflauf legen.

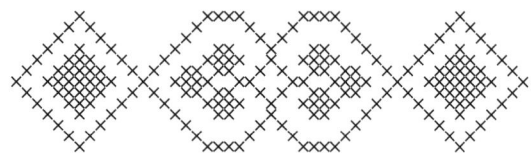

Pichelsteiner Topf

Dieses Gericht ist eigentlich der Eintopf schlechthin und hat es sogar zum Leibgericht des früheren Bundeskanzlers Ludwig Erhard gebracht.

FÜR 6 PERSONEN:

50 g durchwachsener Speck, klein gewürfelt | 3 EL gehackte Petersilie | 200 g Sellerieknolle in dünnen Scheiben | 3 Zwiebeln in dünnen Scheiben | 4 Karotten in dünnen Scheiben | 400 g Kartoffeln, geschält und gewürfelt | 500 g Wirsingkohl in Streifen geschnitten | 250 g Hammelfleisch aus der Schulter (wer kein Hammelfleisch mag, kann Kalbfleisch verwenden) | 250 g Schweinefleisch aus der Schulter | 250 g Rindfleisch aus der Brust (alle Fleischsorten ohne Knochen und in Würfel geschnitten) | 1 TL Salz | weißer Pfeffer | Kümmel | Muskatnuss | ¾ l Fleischbrühe | evtl. getrockneter Majoran

1 In einem kräftigen Eisentopf lässt man die Speckwürfel aus. Dann legt man lagenweise das mit Petersilie gemischte Gemüse sowie die Fleischwürfel ein. Jede Lage wird mit Salz, Pfeffer, Kümmel und Muskatnuss gewürzt und zum Schluss die heiße Fleischbrühe darübergegossen. **2** Zugedeckt den Topf in der heißen Backröhre bei ca. 175 °C ca. 1 Stunde schmoren lassen. Wer will, kann 10 Minuten vor Kochende noch getrockneten Majoran darüberstreuen.

Gaisburger Marsch

Dies war das absolute Lieblingsgericht meines Neffen. Einmal wöchentlich aß er bei der schwäbischen Nachbarin zu Mittag, und wenn es Gaisburger Marsch gab, waren mindestens zwei Teller angesagt.

Dieser Eintopf ist eines der schwäbischen Nationalgerichte, und es ist kein Wunder, dass dieser Eintopf auch den sogenannten »Einjährigen« der Stuttgarter Bergkaserne so geschmeckt hat. Diese hatten im Gegensatz zu ihren »gemeinen« Kameraden das Privileg, außerhalb der Kaserne statt in der Kantine zu essen. Sie hegten eine große Vorliebe für die Küche der Gaisburger »Bäckaschmiede« und ganz besonders für den dort gereichten Eintopf aus Ochsenbrühe, Kartoffeln und Spätzle. Und weil selbst beim Essengehen auf eine gewisse militärische Marschordnung nicht verzichtet werden konnte, erhielt dieser Eintopf dann schließlich den Namen »Gaisburger Marsch«. Hier das Rezept, von dem es viele Varianten gibt:

FÜR 6 PERSONEN:

BRÜHE:
500 g Suppenknochen | 1 Bund Suppengemüse (Möhren, Lauch, Sellerie, Petersilie) | 1 kleine Zwiebel | Salz | 2 EL gekörnte Brühe | 2 l Wasser | 500 g Rindfleisch (am besten aus der Wade)

EINLAGE:
500 g geschälte, gewürfelte Kartoffeln | 250 g gekochte Spätzle | Salz | Pfeffer | geriebene Muskatnuss | 150 g geräucherter durchwachsener Bauchspeck | 2 Zwiebeln

1. Die Suppenknochen mit dem gewaschenen und klein geschnittenen Suppengemüse, der Zwiebel, Salz nach Geschmack und der Brühe zusammen mit dem Wasser in einem großen Topf zum Kochen bringen, dann erst das Rindfleisch zugeben und alles ca. 2 Stunden leicht köcheln lassen. **2.** Das Rindfleisch herausnehmen und beiseite stellen. Die Brühe durch ein Sieb gießen und wieder erhitzen. Die in Würfel geschnittenen Kartoffeln in der Fleischbrühe ca. 15 Minuten bissfest kochen. Das beiseite gestellte Rindfleisch in Würfel schneiden und zusammen mit den Spätzle der Brühe beigeben. Mit Salz, Pfeffer und Muskatnuss abschmecken. **3.** Den Bauchspeck klein schneiden und in einer Pfanne auslassen. Die Zwiebel in feine Ringe schneiden und im ausgelassenen Fett goldbraun rösten. Den Speck und die Zwiebelringe zur heißen Suppe geben und sofort servieren.

Blindhuhn

Blindhuhn ist ein deftiger Eintopf aus dem Westfälischen. Er heißt dort auch Gänsefutter und hat absolut nichts mit Federvieh zu tun.

Für ca. 4 Personen:
250 g weiße Bohnen | 1,5 l Wasser | 3 Lorbeerblätter | 2 Nelken | 2 ½ Zwiebel | 500 g durchwachsener geräucherter Bauchspeck | 300 g grüne Bohnen | 2 säuerliche Äpfel | 2 Birnen | 400 g Kartoffeln | 300 g Karotten | 2 EL Butter | Salz | Pfeffer | 1 EL Essig

1. Die weißen Bohnen über Nacht in Wasser einweichen. **2.** 1,5 l Wasser mit den Lorbeerblättern, den Nelken, der halben Zwiebel und dem Bauchspeck zum Kochen bringen und ca. 30 Minuten kochen, dann die eingeweichten Bohnen hinzufügen und weitere 20 Minuten kochen lassen. **3.** Die Äpfel und Birnen schälen und in Stücke schneiden, die Kartoffeln ebenfalls schälen und in Viertel schneiden. Die Karotten in Stücke schneiden und alles zusammen mit den grünen Bohnen weitere 20 Minuten kochen. **4.** Die restlichen zwei Zwiebeln fein hobeln und in der Butter anrösten, dann in den Eintopf geben. Mit Salz, Pfeffer und dem Essig pikant abschmecken.

Döppekooche

Döppekooche ist ein typisch rheinisches Kartoffelgericht, von dem so viele Varianten existieren, wie es Köche gibt. Mancherorts fügt man dem Rezept noch geräucherte Würste oder Quark hinzu. Der Fantasie sind keine Grenzen gesetzt.

Für 4 Personen:
2 kg Kartoffeln | 500 g Zwiebeln | 4 Eier | Salz | Pfeffer | Muskatnuss | Majoran | 250 g Räucherspeck | Öl

1. Die Kartoffeln schälen, reiben und in einem Tuch etwas auspressen. Die Zwiebeln ebenfalls reiben und zusammen mit den Eiern und den Gewürzen zu den Kartoffeln geben. Den Speck würfeln, in einer Pfanne etwas anbraten und unter den Teig kneten. **2.** Eine Auflaufform mit dem Öl ausfetten und die Kartoffelmasse hineinfüllen. Einige Löcher in den Teig bohren und ebenfalls etwas Öl einlaufen lassen. **3.** In den auf 200 °C vorgeheizten Backofen schieben und ca. 2 Stunden backen, zwischendurch die Oberfläche mit Öl einpinseln. Damit die Kruste nicht zu dunkel wird, nach einer Stunde mit Alufolie abdecken.

TIPP: *Unbedingt dazu gehören Apfel- und/oder Dörrobstkompott.*

Bayerisch Kraut

Ein deftiges Krautgemüse, das gut zu Schweinebraten oder Kurzgebratenem passt. Es ist die ideale Verwertung für einen Restkrautkopf, z.B. wenn man Krautwickel davon gemacht hat.

ALS BEILAGE FÜR 4 PERSONEN:
½ Kopf Weißkohl | 100 g fein gewürfelter durchwachsener Bauchspeck | Öl zum Anbraten | 1 Zwiebel, fein gehackt | 500 ml Fleisch- oder Gemüsebrühe | Salz | Pfeffer | ½ TL gemahlener Kümmel

1 Das Weißkraut fein hobeln. Den Bauchspeck in einem Topf mit etwas Öl anbraten, die fein gehackte Zwiebel dazugeben und mit anschwitzen, dann das Kraut zugeben und unter Umrühren anbraten. **2** Mit der Fleischbrühe aufgießen, Salz, Pfeffer und Kümmel zufügen und zugedeckt ca. 30 Minuten dünsten, dabei öfter umrühren. Nochmals deftig abschmecken und servieren.

Eingemachte Steinpilze

In manchen Jahren gab es sehr viele Steinpilze, die meine Mutter dann wie saure Gurken einmachte. Dazu verwendete sie immer die kleinen Pilze, die dann ganz entzückend in den Gläsern aussahen. Ich kann mich noch erinnern, dass eine gute Bekannte immer dann zu Besuch kam, wenn meine Mutter ein Glas Steinpilze aufmachte, denn für sie gab es nichts Besseres als diese süß-sauren Steinpilze.

FÜR ½ L GLAS:
kleine oder halbierte Steinpilze | 100 ml Weißweinessig | 3 EL Zucker | 1 TL Salz | 1 kleine Zwiebel, in Ringen | 10 Senfkörner | 3 Pfefferkörner

1 Die Steinpilze putzen und mit einer Bürste abbürsten (nicht waschen). In das Weckglas einschichten. **2** 300 ml Wasser mit dem Essig, dem Zucker, dem Salz, den Zwiebelringen und den Gewürzen aufkochen, etwas abkühlen lassen und den Sud durch ein Sieb in das Einweckglas gießen. Das Glas mit Gummiring und Klammer schließen. **3** Im Einwecktopf bei 95 °C ca. 30 Minuten kochen oder in der Backröhre in die mit Wasser gefüllte Fettpfanne stellen und bei 180 °C ca. 1 Stunde erhitzen. Dann den Backofen ausstellen und die Einweckgläser im Ofen erkalten lassen.

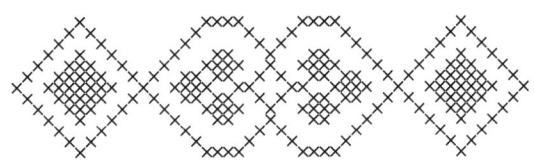

Gefüllte Paprikaschoten

Ich kann mich noch ganz deutlich an die erste gefüllte Paprikaschote erinnern, die ich ge-gessen habe. Meine Mutter hatte eine liebe Mitbewohnerin im Haus, eine »Flüchtlings-frau«. Das war gegen Ende der 50er Jahre. Beide unterhielten einen regen Austausch an Kochrezepten, und eines Tages erhielten wir zur Kostprobe eine gefüllte Paprikaschote. So etwas hatten wir bis dato nicht gekannt. Also wurde sie erst beäugt, dann gekostet. Sie schmeckte prima, und von da an standen gefüllte Paprikaschoten auf unserem Speisezettel. Damals allerdings wurde die Hackfleischfüllung noch tüchtig mit gekochtem Reis gestreckt, um das teure Fleisch zu sparen.

FÜR 6 GEFÜLLTE PAPRIKASCHOTEN:
6 Paprikaschoten, rot, grün und evtl. gelb | 700 g gemisch-tes Hackfleisch | 2 altbackene Brötchen | 1 große Zwiebel | etwas Öl | 2 klein gehackte Knoblauchzehen | 1 EL getrock-neter Majoran | einige Stängel klein gehackte Petersilie | Salz | Pfeffer | ½ TL Rosenpaprikapulver | ½ TL edelsüßes Paprikapulver | 2 Eier | ½ l Bratenfond (Instant) | 1 kleine Dose Tomatenmark | 100 ml Sauerrahm | Salz | evtl. noch etwas Paprikapulver

1 Von den Paprikaschoten großzügig den Stiel heraus-schneiden und beiseite legen. Die Kerne und Rippen entfernen. **2** Das Hackfleisch in eine Schüssel geben. Die Brötchen in lauwarmem Wasser einweichen und wieder ausdrücken. Die Zwiebel klein hacken, in etwas Öl an-schwitzen und zum Hackfleisch geben. Brötchen, Knob-lauch, Majoran, Petersilie, Salz, Pfeffer, Paprika und Eier zufügen und alles zu einem glatten Teig vermengen. **3** Die Paprikaschoten bis zum Rand mit der Hackfleischmasse füllen. In einen Bräter setzen. Den Bratenfond erhitzen, das Tomatenmark zufügen und gut verrühren, dann die Soße zu den Schoten in den Bräter gießen. **4** Im vorgeheizten Backofen bei 150 °C ca. 50–60 Minuten (je nach Größe der Schoten) garen. Die Soße mit dem Sauerrahm verrühren, falls nötig noch mit Salz und Paprika nachwürzen.

TIPP: *Dazu serviert man am besten Reis.*

Lappenpickert

Pickerts sind typisch westfälische Gerichte. Sie heißen Lappenpickert, wenn sie in der Pfanne, und Kastenpickert, wenn Sie in einer Kastenform gebacken werden. Auch hier gibt es unzählige Varianten, eine davon nachstehend:

Für 6 Personen:
25–30 g Hefe | 350 ml Milch | 1,2 kg mehlig kochende Kartoffeln | 3 Eier | 3 gehäufte EL Mehl | 1 Msp. Salz | 1 EL Zucker | 200 g Rosinen | 1–2 EL Schweineschmalz zum Einfetten der Pfanne

1 Die zerbröckelte Hefe in etwas lauwarmer Milch auflösen. Die Kartoffeln schälen und reiben. Nach dem Reiben die Kartoffelmasse ausdrücken und das Kartoffelwasser wegschütten. Die Kartoffelmasse mit der restlichen Milch, den Eiern, dem Mehl, dem Salz und dem Zucker sowie den gewaschenen Rosinen zu einem Teig verrühren. Zum Schluss die in der Milch aufgelöste Hefe unterrühren. Den Teig an einem warmen Ort ca. 1 Stunde gehen lassen, bis er sich deutlich vergrößert hat. **2** Eine gusseiserne Pfanne mit dem Schweineschmalz ausreiben, den Teig ca. 1 cm hoch einfüllen und so lange braten, bis er an der Unterseite goldbraun ist. Dann den Pickert wenden und von der anderen Seite braten. **3** Sie können die Masse auch in einer Kastenform im Backofen backen (bei 200 °C ca. 1 Stunde), lassen sie erkalten, schneiden sie am nächsten Tag in Scheiben und backen diese in der Pfanne aus.

TIPP: *Der Pickert wird entweder mit Butter und Marmelade bestrichen, also als süße Variante, oder deftig mit hausgemachter Leberwurst serviert.*

Ofenguck

Ein mit Käse überbackener Kartoffelbrei, der, mit herzhaften Salaten serviert, ein leckeres, vegetarisches Essen ergibt.

Für eine Auflaufform:
600 g mehlig kochende Kartoffeln | 50 g Butter | 100 ml süßer Rahm | Salz | Muskatnuss | 2 EL Mehl | 3 Eiweiß | 2 EL zerlassene Butter | 200 g geriebener Käse z.B. Emmentaler

1 Die Kartoffeln kochen, pellen und durch die Kartoffelpresse drücken. Butter, Rahm, Salz und Muskatnuss sowie das Mehl dazurühren. Die Eiweiße zu steifem Schnee schlagen und unter die Kartoffelmasse heben. **2** Eine Auflaufform ausbuttern und den Kartoffelbrei einfüllen. Die Oberfläche mit zerlassener Butter einpinseln. dann den geriebenen Käse darüberstreuen. Im vorgeheizten Backofen bei 200 °C ca. 20–30 Minuten überbacken, bis die Oberfläche goldgelb ist.

TIPP: *Servieren Sie dazu eine große Schüssel Salat.*

Schupfnudeln

Schupfnudeln, im Württembergischen Bubenspitzle, im Fränkischen Schobber genannt, gab es immer dann, wenn am Vortag Kartoffeln übrig blieben. Zusammen mit Sauerkraut oder Salat sind sie ein einfaches, aber schmackhaftes Mittagessen.

FÜR 8 PERSONEN:
1 kg Kartoffeln, am besten mehlig kochende | 2 Eier | 150 g Mehl | 20 g zerlassene Butter | ½ TL Salz | etwas Muskatnuss | Öl oder Butterschmalz zum Ausbacken

1 Die Kartoffeln in der Schale weich kochen und pellen. Noch warm durch die Kartoffelpresse drücken und abkühlen lassen. **2** Dann die Eier, das Mehl, die Butter sowie Salz und Muskatnuss hinzufügen und alles zu einem Teig verkneten. Aus dem Teig Rollen mit ca. 2 cm Durchmesser formen. Von diesen Rollen Stücke mit einer Länge von ca. 3 cm abschneiden. Diese Stücke zwischen den Händen rollen, dabei die Enden zu Spitzen formen. **3** In einer Pfanne Öl oder Butterschmalz erhitzen und die Schupfnudeln goldgelb backen, dabei immer wieder wenden.

TIPP: *Dazu servieren Sie am besten Sauerkraut mit Speckchen oder Salat.*

Käsespätzle

Mit einer großen Schüssel Salat dazu lassen Käsespatzen genau wie früher mein Herz höher schlagen.

FÜR 4 PERSONEN:
500 g Mehl | 5 Eier | Salz | 1 EL Öl | 300 g grob geriebener Emmentaler | 50 g Butter | 4 Zwiebeln

1. Das Mehl, die Eier und etwas Salz zu einem Teig verrühren, 150 ml Wasser zugießen und den Teig so lange schlagen, bis er Blasen wirft. Dann das Öl unterrühren und den Teig etwas ruhen lassen. **2.** In einem großen Topf Salzwasser zum Kochen bringen und den Teig portionsweise mit Hilfe einer Spätzlepresse oder -reibe in das kochende Wasser drücken. Die Spätzle sofort mit einem Schaumlöffel herausnehmen, sobald sie an die Oberfläche kommen.
3. Die Spätzle in eine gebutterte Auflaufform einfüllen, darauf eine Schicht geriebenen Käse geben und wieder die nächste frisch gemachte Spätzleportion. Zuletzt eine Schicht Käse aufstreuen und mit Butterflöckchen belegen. Im vorgeheizten Backofen bei 175 °C ca. 20 Minuten überbacken. **4.** Zwischenzeitlich die Zwiebeln in Ringe schneiden und in Butter goldbraun rösten. Über den Käsespätzle verteilen und sofort servieren.

Eier in Senfsoße

Das war das Lieblingsgericht meiner Schwester. Wenn meine Mutter zu viele Eier übrig hatte – die Eierfrau kam jede Woche zu uns –, dann gab es saure Eier mit Kartoffelbrei.

FÜR 4 PERSONEN:
8 Eier | 50 g Butter | 2 EL Mehl | 1 Msp. Zucker | 3 ganze Nelken | 1 Lorbeerblatt | 1 TL abgeriebene Zitronenschale | 1 TL Salz | Pfeffer | 2 EL mittelscharfer Senf | 1 EL Essig

1. Die Eier hart kochen, erkalten lassen, dann abschälen und in Hälften schneiden. **2.** Die Butter in einem Topf zerlaufen lassen, das Mehl und den Zucker zugeben und anbräunen lassen. Mit ½ l Wasser ablöschen und alle Gewürze sowie den Senf und den Essig zufügen. Unter Rühren ca. 20 Minuten leicht köcheln lassen. Dann die Soße durch ein feines Sieb abgießen und die halbierten Eier darin heiß werden lassen.

TIPP: *Als Beilage schmecken Salzkartoffeln oder Kartoffelbrei.*

Pilzgulasch mit Semmelknödeln

Mein Vater war ein begeisterter Pilzsucher, und ich habe diese Leidenschaft von ihm geerbt. Wir Kinder sind oft mit dem Vater in die Wälder gewandert, wo er seine geheimen Pilzplätze hatte. Wir kamen mit Taschen voll Pilzen nach Hause. Dann gab es immer Schwammerlgulasch. Der weniger taugliche Rest der Pilze wurde auf Schnüre aufgefädelt und getrocknet, damit auch im Winter immer Pilze zur Würze oder Garnitur verfügbar waren. Leider sind heute die alten Pilzplätze immer weniger ergiebig, sodass ein Pilzgulasch aus selbst gesuchten Pilzen zu den Höhepunkten des Herbstes zählt.

FÜR 4 PERSONEN:
ca. 600 g frische Mischpilze (Maronen, Steinpilze, Pfifferlinge etc.) | 1 EL Butter | 4 EL feine Speckwürfel | 4 EL Zwiebelwürfel | ½ l Gemüsebrühe | 100 ml Sahne | 2 EL Speisestärke | Salz | Pfeffer | 2 EL gehackte Petersilie

SEMMELKNÖDEL:
8 Brötchen vom Vortag | 4 Eier | 200 ml Milch | 1 TL Salz | 1 kleine Zwiebel | 2 EL Butter | 2 EL Mehl | 2 EL gehackte Petersilie

1. Die Pilze putzen, kurz abbrausen und in Scheiben schneiden. **2.** In einem Topf die Butter zerlassen, die Speckwürfelchen darin anbraten, dann die Zwiebelwürfel und Pilze zugeben und unter Wenden andünsten. Die Gemüsebrühe zugießen und die Pilze ca. 20 Minuten köcheln lassen.

3. Die Sahne zugießen. Die Speisestärke mit etwas Wasser anrühren und die Soße damit abbinden. Mit Salz und Pfeffer abschmecken. Vor dem Servieren mit der gehackten Petersilie bestreuen. **4.** Für die Semmelknödel die Brötchen in feine Scheiben schneiden. Die Eier mit der Milch und dem Salz verquirlen, über die Brötchenscheiben gießen und diese ca. ½ Stunde weichen lassen. **5.** Die Zwiebel klein würfeln und in der Butter andünsten. Zusammen mit dem Mehl und der Petersilie zu den Brötchen geben und alles miteinander verkneten. In einem großen Topf Salzwasser zum Kochen bringen, aus dem Teig Knödel formen, in das kochende Wasser einlegen und ca. 20 Minuten leicht sieden lassen.

TIPP: *Sollte der Knödelteig zu weich sein, kann er durch die Zugabe von Semmelbröseln gefestigt werden.*

Rohe Kartoffelknödel

Ein Sonntagsbraten ohne rohe Klöße – das war undenkbar bei uns zu Hause. Allerdings hasste ich die Herstellung derselben, denn es traf immer mich, wenn es hieß, Kartoffeln zu schälen und zu reiben. An manchen Sonntagen waren es 40 Kartoffeln, die es zu schälen und auf der Handreibe zu reiben gab.

Das Prozedere war immer gleich: Waren die Kartoffeln geschält, kamen sie in eine Schüssel. In diese wurde ein alter Löffel gelegt und in diesen ein Stückchen einer Schwefelstange. Diese wurde angezündet und sofort der Deckel aufgelegt. Das Schwefeln bewirkte, dass die Kartoffelklöße später schön weiß blieben und nicht grau wurden. Dann ging es ans Reiben. Wenn dies geschehen war, wurden die geriebenen Kartoffeln portionsweise in ein Säckchen gefüllt und fest ausgedrückt. Das Ausdrückwasser wurde vorsichtig abgeschüttet, die am Boden befindliche Stärke kam zu den ausgedrückten Kartoffeln. Zu den rohen Kartoffeln wurden dann noch einige durchgedrückte gekochte Kartoffeln gemengt, dann wurde gesalzen, etwas kochende Milch hinzugegeben, kräftig durchgeknetet und Knödel geformt, in deren Mitte noch geröstete Brotwürfel kamen. Dann wurden sie in einen riesigen Topf mit kochendem Wasser gelegt, einige Male aufgekocht und ca. 20 Minuten sieden gelassen.

Sie fragen sich vielleicht, wozu wir so viele Klöße brauchten? Wir waren ein Fünf-Personen-Haushalt, und ich brachte es in meinen besten Tagen auf sieben Klöße (keine kleinen), allerdings nur mit Soße, ohne Fleisch. Die Knödel reichten dann noch am nächsten Tag, und waren immer noch welche übrig, wurden sie am übernächsten Tag in Scheiben geschnitten und geröstet. Dazu gab es dann eingemachtes Obst. Falls Sie mal in Versuchung kommen sollten, rohe Klöße selbst zu machen, hier ist das Rezept:

4 gekochte Kartoffeln | 8 große Kartoffeln (Verhältnis roh zu gekocht immer 2:1) | 1 Pk. Knödelhilfe (damit die Knödel weiß bleiben) nach Gusto | Salz | ca. 150 ml Milch | Brotwürfel aus altbackenen Brötchen oder Toastbrot | Butter zum Anbraten

1. Die Kartoffeln kochen und durch die Kartoffelpresse drücken. Erkalten lassen. **2.** Die rohen Kartoffeln schälen und in der Küchenmaschine reiben, dabei sofort das Päckchen Knödelhilfe einrühren. Die Masse in ein Säckchen oder Mulltuch füllen und fest ausdrücken, bis die Masse fast trocken ist. Das Kartoffelwasser wird vorsichtig abgeschüttet, die am Boden befindliche Stärke kommt zu den Kartoffeln. **3.** Salz darüberstreuen, dann die geriebenen Kartoffeln zufügen. Die heiße Milch portionsweise darüberschütten (der Teig darf nicht zu weich sein) und alles gut verkneten. **4.** Altbackene Brötchen oder Toastbrot zu Würfeln schneiden und in der Pfanne mit Butter anbräunen. Aus der Knödelmassse Knödel formen, in die Mitte mehrere Brotwürfel stecken. **5.** In einem weiten Topf Salzwasser zum Kochen bringen, die Knödel einlegen, einige Male aufkochen, dann die Hitze zurückschalten und die Knödel bei aufgelegtem Deckel ca. 15–20 Minuten ziehen lassen.

Pellkartoffeln und Kräuterquark

Das war früher das klassische Samstagsessen. Es ging schnell und ist dazu noch sehr gesund.

FÜR 4 PERSONEN:
8–12 mittelgroße, vorwiegend fest kochende Kartoffeln | pro Kartoffel 10 g Butter | 250 g Magerquark | 3 EL Sauerrahm | 2 EL fein gehackte Kräuter (Petersilie, Schnittlauch, Zitronenmelisse) | 1 fein gehackte Essiggurke | 1 klein geschnittene Frühlingszwiebel | Salz | ½ TL Schabziger Klee (Reformhaus)

1. Die Kartoffeln gut waschen und im Dampfkochtopf ca. 15–20 Minuten kochen. **2.** Währenddessen den Quark mit dem Sauerrahm glatt rühren. Den Schabziger Klee, die fein gehackten Kräuter, die Essiggurke und die Frühlingszwiebel einrühren und den Quark mit dem Salz abschmecken. **3.** Nach Ablauf der Kochzeit die Kartoffeln herausnehmen, an einer Seite etwas auseinanderreißen und ein Butterstückchen darauflegen. Sofort zum Quark servieren.

Selbstgemachte Nudeln

Meine Mutter machte ihre Nudeln immer selbst, denn die Möglichkeit, Nudeln wie heute in hundertfacher Ausfertigung in den Supermärkten zu kaufen, gab es noch nicht. Wenn Mutter also Nudeln machte, dann geschah dies immer im großen Stil. Es waren dann 9–10 große sogenannte »Nudelplätze«, die sie auswalkte. Diese hingen zum Antrocknen dann über den Stuhl- oder Sofalehnen. Das Schneiden zu hauchfeinen Suppennudeln oder »breiten Nudeln«, also Bandnudeln, war immer meine Aufgabe.

Man musste stets den richtigen Zeitpunkt zum Schneiden erkennen. Die »Nudelplätze« sollten angetrocknet, aber nicht trocken sein, damit sie beim Falten nicht klebten, aber auch nicht brachen. Meine Oma hatte dazu eine kleine Maschine mit einem Handrad, mit der die Nudeln im Nu geschnitten waren, aber dieses Wunderding besaßen wir leider nicht. So musste es also von Hand gemacht werden. Hier das Nudelrezept meiner Mutter:

ZUTATEN:
300 g Mehl | 2 große Eier | 2–3 EL Wasser | Salz

1. Das Mehl auf ein Brett sieben, eine Mulde hineinmachen und darin die Eier mit dem Wasser und dem Salz verrühren. Mit dem Mehl zu einem mittelfesten Teig verkneten (evtl. noch etwas Wasser zufügen, falls der Teig zu fest ist). So lange kneten, bis der Teig vollständig glatt ist. **2.** Den Teig in mehrere Stücke teilen und jedes Teil auf einem leicht bemehlten Blech dünn ausrollen. Den Teig antrocknen lassen, zusammenrollen und je nach gewünschter Stärke entweder in feine Suppennudeln oder Bandnudeln schneiden.

TIPP: *Nudeln lassen sich gut auf Vorrat machen. Falls Sie das planen, sollten Sie den Teig nicht salzen und die Nudeln nach dem Schneiden sehr gut trocknen lassen und auch trocken aufbewahren.*

Saures Kartoffelgemüse

Ein einfaches, aber pikantes Gericht, zu dem es immer gebackenen Leberkäse oder Lyoner Wurst gab.

FÜR 4 PERSONEN:
50 g Butter | 3 EL Mehl | 1 l Wasser | je 4 Wacholderbeeren und Pfefferkörner | 1 Lorbeerblatt | 1 EL gekörnte Brühe | 1 TL Salz | 2–3 EL Essig | 1 TL Zucker | 3 EL Majoran | 8 gekochte Kartoffeln in Scheiben

1. Die Butter in einem Topf zerlassen, das Mehl zufügen und hell anschwitzen. Mit dem Wasser ablöschen. Die Wacholderbeeren, die Pfefferkörner, das Lorbeerblatt, die Brühe und das Salz zufügen und ca. 10 Minuten köcheln lassen. **2.** Dann den Essig, den Zucker und den Majoran hinzugeben und evtl. nochmals abschmekken. Zum Schluss die in Scheiben geschnittenen kalten Kartoffeln einlegen und kurz erwärmen, nicht mehr kochen.

TIPP: *Dazu schmecken alle Sorten Wurst, wie Stadtwurst, Wiener Würstchen, Leberwurst und Leberkäse.*

Kartoffelbällchen oder -zöpfchen

Kartoffelbällchen sind sowohl süß mit Kompott als auch als Beilage zu Lamm- oder Wildbraten sehr wohlschmeckend. Die Kombination Hefeteig mit Kartoffeln ergibt eine ganz eigene Note.

FÜR 4 PERSONEN:

25 g Hefe oder 1 Pk. Trockenhefe | 125 ml lauwarme Milch | 500 g Mehl | 2 EL Zucker | 2 Eier | 1 Eigelb | 50 g zerlassene Butter | 1 Prise Salz | 250 g gekochte geriebene Kartoffeln | Fett zum Ausbacken

1. In einer Rührschüssel die Hefe zerbröckeln und mit der Milch, etwas Mehl und dem Zucker verrühren. Den Vorteig ca. 15 Minuten gehen lassen. **2.** Das restliche Mehl, die Eier, das Eigelb, die Butter, das Salz und die erkalteten Kartoffeln zugeben. Mit dem Rührgerät kräftig rühren, bis ein feiner Teig entstanden ist. Diesen Teig ca. 30 Minuten an einem warmen Ort gehen lassen. **3.** In einem Tiegel das Ausbackfett erhitzen. Aus dem Hefeteig entweder kleine Zöpfchen formen oder mit dem Löffel kleine Bällchen abstechen und im heißen Fett schwimmend ausbacken.

TIPP: *Wenn Sie die Zöpfchen zu Braten reichen wollen, sollten Sie statt der 2 EL Zucker nur 1 TL zufügen.*

Kartoffelpuffer (Reiberdatschi)

Kartoffelpuffer sind meine absolute Lieblingsspeise. Dieses Rezept stammt noch von der Oma meiner besten Freundin, die einfach die besten Kartoffelpuffer machte. Ihr Geheimnis war der Sauerrahm und das richtige Verhältnis der gekochten zu den rohen Kartoffeln, das 1:3 betragen musste.

FÜR 10–12 PUFFER:

2 gekochte Kartoffeln | ca. 6 mittlere rohe Kartoffeln | 1 TL Salz | 1–2 Eier | 3 EL Sauerrahm | Butterschmalz zum Ausbacken

1. Die gekochten Kartoffeln durch die Kartoffelpresse drücken und abkühlen lassen. Die rohen Kartoffeln schälen und reiben. Dabei den Kartoffelsaft etwas ausdrücken. Die rohen Kartoffeln mit den gekochten vermengen und mit dem Salz, den Eiern und dem Sauerrahm zu einem weichen Teig vermischen. **2.** In einer Pfanne das Butterschmalz erhitzen und mit einem Esslöffel Teighäufchen einlegen und flach drücken. Ca. 2 Minuten backen, bis die Unterseite goldgelb ist, dann wenden und fertig backen. Herausnehmen und kurz auf Küchenkrepp entfetten. Mit Apfelmus servieren.

TIPP: *Sie können diese Kartoffelpuffer noch herzhafter machen, wenn Sie eine kleine Zwiebel mit in den Teig reiben. Kartoffelpuffer eignen sich wunderbar als Beilage zu kurz gebratenen Fleischgerichten.*

Kartoffelrollen

Von dem Kartoffelkonsum meiner Eltern kann man heute nur träumen. Da wurden schon mal 3–4 Zentner eingekellert, denn Nudeln, wie man sie heute in unzähligen Varianten kaufen kann, mussten meist noch selbst gemacht werden. So waren Kartoffeln erstens schnell gekocht, und zweitens gab es eine so große Vielfalt schmackhafter Kartoffelgerichte, dass es auch nicht langweilig wurde, sie zu essen. Wie schade, dass so viele von ihnen in Vergessenheit geraten sind! Hier ein Rezept, das wir sehr mochten und das, mit einer Käse- oder Kräutersoße und einem knackigen Salat serviert, ein vollwertiges Mittagessen ergibt.

ZUTATEN FÜR 6–8 ROLLEN:

TEIG:
ca. 800 g mehlig kochende Kartoffeln | 100 g Kartoffelstärke | 2 Eigelb | Salz | geriebene Muskatnuss | Semmelbrösel | 3 EL zerlassene Butter

FÜLLUNG:
400 g gemischtes Hackfleisch | 1 gehackte Zwiebel | 1 Ei | 1 TL Meerrettich | 1 EL Senf | 2 EL gehackte Kräuter (Petersilie, Schnittlauch etc.) | Salz | Pfeffer | 1 Prise Chilipulver

1. Die Kartoffeln kochen, schälen und durch eine Kartoffelpresse drücken. Auskühlen lassen, dann Stärke, Eigelb, Salz und Muskatnuss zufügen und gut verkneten. Den Kartoffelteig in acht gleiche Teile teilen und jedes Teil auf einer mit Semmelbröseln bestreuten Arbeitsfläche mit dem Nudelholz ca. ½ cm dick und möglichst rechteckig ausrollen. **2.** Das Hackfleisch mit der Zwiebel, dem Ei und den restlichen Zutaten zu einem Teig vermengen. Jedes der Kartoffelteigstücke mit einem Teil der Hackfleischmasse bestreichen und vorsichtig aufrollen. **3.** Eine Auflaufform oder Bratreine mit Butter ausstreichen und die Rollen nebeneinander hineinsetzen. Mit zerlassener Butter bestreichen und im vorgeheizten Backofen bei 200 °C ca. ½ Stunde backen, zwischendurch nochmals mit Butter bestreichen.

Schinkennudeln

FÜR 4 PERSONEN:
300 g Spiralnudeln o. Ä. | 250 g gekochter Schinken | 1 Zwiebel | 2–3 EL Butter | 1–2 Eier | 100 ml Sahne | Salz | Pfeffer

1. Die Nudeln in kochendem Salzwasser nach Anleitung bissfest kochen, abgießen und abtropfen lassen. **2.** Den gekochten Schinken und die Zwiebel fein würfeln. Die Butter in einer Pfanne erhitzen und die Zwiebelwürfel darin andünsten, dann die Schinkenwürfel dazugeben und ebenfalls andünsten. Die gekochten Nudeln zufügen und unter Umrühren einige Minuten heiß werden lassen. **3.** Die Eier mit der Sahne verrühren, mit Salz und Pfeffer würzen und die Soße auf die Nudeln gießen. Noch einige Minuten auf der Herdplatte lassen, bis alles gestockt ist.

Zwiebelkuchen

Zwiebelkuchen ist überall dort in Süddeutschland zu Hause, wo Wein angebaut wird, in Schwaben, in Franken, in der Pfalz oder in Baden. Am besten schmeckt er zu ganz jungem, gärendem Wein, dem Federweißen.

FÜR 1 BACKBLECH:
20 g Hefe oder 1 Pk. Trockenhefe | ¼ l lauwarme Milch | 6 EL Öl | 1 Prise Zucker | Salz | 350 g Mehl | 1,5 kg Zwiebeln | 4 Eier | 200 ml saure Sahne oder Schmand | ½ TL gemahlener Kümmel | 200 g geräucherter Bauch

1. Die Hefe mit etwas Milch verrühren, Öl, Zucker und Salz sowie Mehl zugeben und mit dem Knethaken zu einem glatten Teig verarbeiten. Zugedeckt an einem warmen Platz 30 Minuten gehen lassen. **2.** Inzwischen die Zwiebel in Ringe oder Würfel schneiden und in einer großen Pfanne in etwas Öl glasig dünsten. Abkühlen lassen, die Eier mit der sauren Sahne verquirlen und unter die Zwiebelmasse rühren. Mit Salz und Kümmel kräftig abschmecken. **3.** Den inzwischen gegangenen Hefeteig nochmals durchkneten und auf ein mit Backpapier ausgelegtes Backblech ausrollen, dabei an allen Seiten einen Rand hochziehen. Die Zwiebelmasse daraufgießen und verstreichen. Den geräucherten Bauch in kleine Würfel schneiden und darüberstreuen. **4.** Im vorgeheizten Ofen bei 200 °C ca. 1 Stunde backen, bis die Oberfläche schön goldbraun ist. Sofort warm servieren.

Eingemachtes Kalbfleisch

FÜR 4 PERSONEN:
750 g Kalbsschulter oder -hals | 1 Bund Suppengrün | 1 Prise Salz | 1 Zwiebel | 1 Zitronenscheibe | 30 g Butter | 40 g Mehl | ½ l Sud vom Kalbfleisch | Saft von ¼ Zitrone | ¼ l Weißwein | ⅛–¼ l Sahne | 1 Eigelb

1. Das in Würfel geschnittene Kalbfleisch mit dem Suppengrün, dem Salz, der Zwiebel und der Zitronenscheibe in 1,5 l Wasser kochen, bis es weich ist. **2.** Für die Soße die Butter in einem Tiegel schmelzen, das Mehl zufügen und anschwitzen, mit dem Sud ablöschen und ca. 10 Minuten unter Umrühren köcheln lassen. Zitronensaft, Weißwein und Sahne zufügen und das gekochte Kalbfleisch einlegen. Zum Schluss das verquirlte Eigelb unterziehen, wobei die Soße auf keinen Fall mehr kochen darf. Sofort servieren.

Leberknödel mit Sauerkraut

Eines der absoluten Lieblingsgerichte meiner Kindheit.

FÜR 4 PERSONEN:
3 Eier | ½ l Milch | 1 TL Salz | 10 fein geschnittene Brötchen |
ca. 100 g Fett (zerlassene Butter oder Mark) | 1 kleine ge-
hackte Zwiebel | 3 EL Mehl | 250 g gemahlene Rinderleber |
1 TL abgeriebene Zitronenschale | 2 EL geriebener Majoran |
2 EL gehacktes Petersiliengrün | Pfeffer | evtl. Fleischbrühe |
gekochtes Sauerkraut

1. Die Eier mit ½ l Milch und dem Salz verquirlen und über
die Brötchen gießen. Ca. 1–2 Stunden weichen lassen.
2. Die Butter oder das Mark in einer Pfanne zerlassen
und die Zwiebelwürfel darin anschwitzen und über die
Brötchen geben. Mehl, Leber, Zitronenschale, Majoran,
Petersiliengrün und Pfeffer ebenfalls zufügen und alles gut
durchkneten. **3.** Mit in Wasser getauchten Händen mittelgroße Knödel formen und in kochendem Salzwasser oder in
Fleischbrühe ca. 20 Minuten sieden lassen. Herausnehmen
und zusammen mit dem Sauerkraut servieren.

TIPP: *Nach diesem Rezept können Sie auch kleine Leberklößchen
als Suppeneinlage machen. Dafür genügt dann ein Drittel der
Zutatenmenge.*

Schwalbennester

Mütter sind sehr erfinderisch, wenn es darum geht, für die Familie ein attraktives Essen zu zaubern. Auf diese Weise kamen wohl die Schwalbennester – Rinderrouladen mit einem gekochten Ei darin – zustande, denn sie schmecken vorzüglich und sehen aufgeschnitten toll aus.

FÜR 4 PERSONEN:
4 Rinderrouladen | Salz | Pfeffer | 4 TL scharfer Senf | 4 dünne Scheiben gekochter oder roher Schinken | 4 hart gekochte Eier | etwas Mehl | 2 EL Butterschmalz | 1 klein gehackte Zwiebel | 2 klein gehackte Knoblauchzehen | 2 EL Tomatenmark | 1 Glas Rotwein | ½ l Rinderbouillon | 2 TL Sauerrahm | 2 EL Speisestärke | evtl. ½ TL Paprikapulver

1. Die Rouladen auf der Arbeitsfläche ausbreiten, mit Salz und Pfeffer würzen und auf der Oberseite mit je 1 TL Senf bestreichen. Je eine Scheibe Schinken sowie je ein hart gekochtes Ei darauflegen, das Fleisch an den Seiten über dem Ei einschlagen und alles aufrollen. Mit Rouladennadeln oder Küchengarn fixieren. Die Rouladen von außen mit etwas Mehl bestäuben. **2.** Das Butterschmalz in einem kleinen Bräter erhitzen und die Rouladen rundherum kräftig darin anbraten. Die Zwiebel, den Knoblauch und das Tomatenmark zufügen und ca. 3 Minuten mitbraten. Mit dem Wein und der Rinderbouillon ablöschen, den Deckel auflegen und ca. 1 ½ Stunden bei kleiner Hitze garen. **3.** Nach dem Ende der Garzeit die Rouladen herausnehmen und warm stellen. Die Soße abseihen und in einen Topf geben. Den Sauerrahm einrühren. Die Speisestärke mit etwas Wasser verrühren, zur Soße geben und diese aufkochen lassen. Mit Salz und Pfeffer und nach Geschmack mit etwas Paprikapulver abschmecken.

Schweinebraten mit Klößen

Den besten Schweinebraten meines Lebens habe ich in Bamberg gegessen. Bamberg ist berühmt für sein Rauchbier, ein dunkles Bier, durch das Rauch geleitet wird. Und dieser Schweinebraten war mit diesem Rauchbier zubereitet. Ein unnachahmlicher Genuss. Auch wenn man kein Rauchbier zur Verfügung hat, zur Zubereitung eines Schweinebratens gehört einfach Bier, nur so bekommt er sein feines Aroma. (Diese Variante ist auch für Kinder tauglich, denn der Alkohol verfliegt während des Bratens.)

FÜR 4 PERSONEN:
1 kg Schweineschulter mit Schwarte | 2 Knoblauchzehen | Salz | Pfeffer | Kümmel, gemahlen | 2 Möhren | 1 Stück Knollensellerie | 2 Zwiebeln | ½ l Fleischbrühe (Instant) | 300 ml dunkles Bier | 1 EL Speisestärke

1. Das Fleisch abwaschen und trockentupfen. Die Schwarte mit einem scharfen Messer kreuzweise einschneiden, dabei nicht bis ins Fleisch schneiden. Das Fleisch mit den geschälten Knoblauchzehen einreiben. Salz, Pfeffer und gemahlenen Kümmel vermischen und das Fleisch gut damit einreiben (auch die Schwarte). **2.** Etwas Öl in einem Bräter erhitzen und das Fleisch zusammen mit dem klein geschnittenen Gemüse von allen Seiten kurz anbraten. Das Fleisch mit der Schwarte nach unten legen und die Fleischbrühe zugießen. Bei 200 °C eine halbe Stunde schmoren, dann das Fleisch wenden, sodass die Schwarte oben ist. Eine weitere Stunde unter häufigem Begießen mit der Bratflüssigkeit und dem Bier braten. **3.** Nach dem Ende der Bratzeit die Ofentemperatur erhöhen oder auf Grillen stellen und weitere 10 Minuten braten, damit die Schwarte schön knusprig wird. Die Soße durch ein Sieb in einen Topf gießen. Die Speisestärke mit etwas Wasser anrühren, zur Soße geben und kurz aufkochen lassen. Mit Salz und Pfeffer abschmecken. Den Braten in Scheiben schneiden und mit der Soße servieren.

TIPP: *Dazu passen die rohen Klöße von Seite 38.*

Schwäbischer Rostbraten mit Spätzle

Den Schwaben sagt man zwar einen gewissen Geiz nach, aber wenn es um einen guten Sonntagsbraten geht, dürfen die Zutaten durchaus auch etwas kosten. Traditionell werden zum Rostbraten Spätzle und grüner Salat serviert

FÜR 4 PERSONEN:
4 Scheiben Roastbeef, gut abgehangen (ca. 180–200 g) | Salz | weißer Pfeffer | Mehl | Fett zum Braten (Öl, Butterschmalz) | 4 mittelgroße Zwiebeln | 1 EL Tomatenmark

SPÄTZLE:
500 g Mehl | 4 Eier | 200 ml Wasser | 1 TL Salz

1. Die Fleischscheiben mit der Hand leicht klopfen und am Hautrand einige Male einschneiden. Das Fleisch salzen und pfeffern und in Mehl wenden. In heißem Fett auf jeder Seite ca. 6 Minuten anbraten. Aus der Pfanne nehmen und warm stellen. Die in Ringe geschnittenen Zwiebeln ins Bratfett geben und hellbraun rösten. Herausnehmen und den Bratfond mit ¼ l Wasser ablöschen. **2.** Das Tomatenmark dazugeben, aufkochen und die Soße abschmecken. Die Fleischscheiben in die Soße legen und weitere 5 Minuten ziehen lassen. Die gerösteten Zwiebelringe auf die Fleischscheiben legen und servieren. **3.** Für die Spätzle das Mehl, die Eier, 200 ml Wasser und das Salz zu einem Teig verrühren und diesen schlagen, bis er Blasen wirft. **4.** In einem großen Topf Salzwasser zum Kochen bringen. Ein kleines Brett mit kaltem Wasser befeuchten, eine kleine Portion des Teiges auf das Brett geben und mit einem nassen Messer schmale Teigstreifen in das kochende Salzwasser schaben. Das Messer muss zwischendurch immer wieder nass gemacht werden, weil sonst der Teig anklebt. Sobald die Spätzle an die Wasseroberfläche kommen, mit einem Schaumlöffel aus dem Wasser nehmen. Das ist die klassische Spätzlevariante. Einfacher und schneller geht es mit einer Spätzlepresse oder einem Spätzlehobel. Die fertigen Spätzle nochmals kurz in einem Topf mit heißem Wasser schwenken und servieren.

Gefüllter Schweinebauch

Für 4–6 Personen:

1 kg magerer Schweinebauch | Salz | Pfeffer | 1 altbackenes Brötchen | 100 g Speck, sehr klein gewürfelt | 1 Zwiebel, klein gewürfelt | 200 g Schweineleber, klein gewürfelt | 1 Ei | 1 TL Majoran | ½ TL Paprika | ¼ l Fleischbrühe (Instant) | Küchengarn oder Spießchen

1. Die Schwarte des Schweinebauchs rautenförmig einschneiden. In das Fleisch von der Seite her eine tiefe Tasche einschneiden. Mit Salz und Pfeffer innen und außen gut einreiben. **2.** Das Brötchen in etwas Wasser einweichen und ausdrücken. Den Speck in einer Pfanne anbraten, die Zwiebel zufügen und andünsten, zu dem Brötchen geben und die klein gewürfelte Leber zufügen. Das Ei und die Gewürze zugeben und alles gut vermischen. **3.** Die Füllung in die eingeschnittene Tasche füllen und den Schweinebauch mit Küchengarn oder Spießchen verschließen. In einen Bräter setzen, Brühe zugießen und bei 180 °C 90 Minuten braten, dabei zwischendurch immer wieder mit dem Bratensaft begießen.

TIPP: *Ich verwende alternativ gerne zur Füllung fertige Bratwurstmasse vom Metzger, das geht schnell und schmeckt sehr herzhaft. So zubereitet schmeckt der gefüllte Schweinebauch auch kalt sehr lecker.*

Saure Kutteln

Saure Kutteln gehören zu den Delikatessen, die die fränkisch-schwäbische Küche zu bieten hat. Kutteln sind der Pansenmagen der Kuh, der gekocht, in Streifen geschnitten und zusammen mit einer Soße serviert wird. Dieses Gericht wird auch heute noch von Liebhabern der regionalen Küche hoch geschätzt. Kutteln kann man beim Metzger schon fertig gekocht kaufen und braucht dann nur noch die Soße zu machen.

Für 4 Personen:

30 g Butter | 3 EL Mehl | 1 klein gewürfelte Zwiebel | 1 ½ l Fleischbrühe | Salz | Pfeffer | 2 Lorbeerblätter | ca. 800 g Kutteln, vorgekocht und geschnitten | 2 EL Weinessig | ⅛ l herber Weißwein

1. Die Butter in einem Topf erhitzen, das Mehl hinzufügen und darin anschwitzen. Wenn das Mehl hellbraun ist, die Zwiebel zugeben und alles unter Rühren dunkelbraun werden lassen. Mit der Fleischbrühe ablöschen, Salz, Pfeffer und die Lorbeerblätter zufügen. **2.** Die geschnittenen Kutteln zur Flüssigkeit geben und alles ca. 1 Stunde weich kochen. Dann die Soße mit Essig, Wein und Salz abschmecken und servieren.

TIPP: *Dazu passen sehr gut Bratkartoffeln.*

Saure Nieren

Innereien wie Lunge, Herz, Leber oder Nieren, sauer zubereitet, waren in meiner Kindheit fester Bestandteil unserer Küche. Mit Lunge konnte man mich weniger locken, aber saure Leber oder Nieren waren sehr beliebt. Dazu waren Innereien sehr günstig zu haben, was bei Mutters schmalem Haushaltsgeld sehr wichtig war.

ZUTATEN FÜR 4 PERSONEN:
ca. 500 g Schweine- oder Kalbsnieren | ¼ l Milch | 2 EL Mehl | 3 EL Butter | 50 g sehr klein gewürfelter Schinkenspeck | 4 gewürfelte Zwiebeln | ¼ l Instantbrühe | 3 EL Weinessig | Salz | Pfeffer | 3 kleine Essiggurken

1. Die Nieren der Länge nach aufschneiden und die weißen Harngefäße sorgfältig herausschneiden. Anschließend die Nieren 30 Minuten in die Milch legen. Danach herausnehmen, abtrocknen, in Scheiben schneiden und mit etwas Mehl bestäuben. **2.** Die Butter in einer Pfanne erhitzen, den Schinkenspeck und die Zwiebeln zugeben und leicht anbraten, dann alles an den Pfannenrand schieben und in der Mitte die Nieren rundherum anbraten, dabei noch etwas Mehl darüberstäuben. **3.** Mit der Brühe und dem Essig ablöschen und kräftig aufkochen lassen. Mit Salz und Pfeffer abschmecken und die in Streifen geschnittenen Essiggurken zufügen. Sofort servieren.

TIPP: *Dazu passen Bratkartoffeln oder Kartoffelbrei.*

Kartoffeltorte

Kartoffeltorte gab es bei uns oftmals zur Resteverwertung mit Braten- oder Schinkenresten.

ZUTATEN FÜR 4–6 PERSONEN:
1 kg rohe, geschälte Kartoffeln, in Scheiben geschnitten |
2 Knoblauchzehen | 300 g gekochter Schinken oder Braten-
reste | Öl | Semmelbrösel | 3 Eier | ⅛ l Milch | Salz | Pfeffer |
Muskatnuss

1. Die Kartoffelscheiben in einer Pfanne mit Öl goldgelb anbraten. Die Knoblauchzehen klein hacken. Den Schinken in Stücke schneiden. **2.** Eine feuerfeste Auflaufform einfetten und mit Semmelbröseln ausstreuen. Abwechselnd eine Schicht Kartoffelscheiben und eine Schicht Schinkenstücke einfüllen, dazwischen die Würfel der Knoblauchzehen streuen. Mit einer Schicht Kartoffeln abschließen. Die Eier mit der Milch, Salz, Pfeffer und Muskatnuss verquirlen und über die Kartoffel-Schinkenmasse verteilen, evtl. an einigen Stellen mit der Gabel einstechen, damit die Flüssigkeit gut hineinlaufen kann. **3.** Den Auflauf in den vorgeheizten Backofen schieben und bei 170 °C ca. 45 Minuten backen.

TIPP: *Die Kartoffeltorte eignet sich sowohl als Beilage zu Bratengerichten, schmeckt aber auch solo mit Salat sehr gut.*

Happel-Poppel

Dieses Gericht mit dem lustigen Namen ist typisch für die Gegend um Berlin, wo man es immer wieder versteht, auch die einfachsten Dinge in interessante Namen zu kleiden. Auch hier handelt es sich um Resteverwertung für den Fall, dass vom Sonntagsbraten einige Scheiben übrig geblieben sind, die aber nicht für alle reichen.

FÜR 4 PERSONEN:
8 Kartoffeln | 1–2 Zwiebeln | 200 g geräucherter, gekochter
Bauchspeck | 2 EL Butterschmalz | 200 g gekochter Schin-
ken | 200 g Bratenreste | 4 Eier | Salz | Pfeffer | geriebene
Muskatnuss | 1 EL klein gehackte Petersilie

1. Die Kartoffeln in der Schale kochen, pellen und erkalten lassen. Kalt in Würfel schneiden. **2.** Die Zwiebeln würfeln, den Bauchspeck in Stückchen schneiden und beide in dem Butterschmalz in einer Pfanne anschwitzen. Den gekochten Schinken und die Bratenreste grob würfeln und zusammen mit den Kartoffeln in die Pfanne geben. Unter häufigem Wenden gut anbraten. **3.** Die Eier in einer Schüssel aufschlagen, verquirlen, mit Salz, Pfeffer und Muskat abschmecken und über den Pfanneninhalt gießen. Stocken lassen, mit der gehackten Petersilie bestreuen und sofort servieren.

Sauerbraten

Wenn man nicht auf fertig eingelegten Sauerbraten vom Metzger zurückgreifen will, muss man das Kochen von Sauerbraten von langer Hand vorbereiten, denn spontan geht da nichts. Das Fleisch muss nämlich wenigstens zwei, besser drei Tage in einer würzigen Marinade eingelegt sein, damit es seinen typischen Geschmack bekommt.

FÜR 4 PERSONEN:

1 kg Rinderbraten aus Schulter oder Nuss | 2 Zwiebeln | 1 Karotte | 1 Stück Knollensellerie | 3 Lorbeerblätter | 2 EL Wacholderbeeren | Senf-, Pfeffer-, und Pimentkörner, gemischt | 4 Gewürznelken | ½ l trockener Rotwein | ¼ l Rotweinessig | ¼ l Wasser | 2 EL Butterschmalz | 1 Soßen-Lebkuchen oder Schwarzbrotrinde | 2 EL Butter | 1 EL Zucker | 1 EL Mehl | Salz | Pfeffer | evtl. Zucker, Essig und 2 EL Sauerrahm

1. Das Fleisch trockentupfen und in eine zur Größe des Fleisches passende Schüssel oder einen Gefrierbeutel legen. Die Zwiebeln schälen und grob würfeln, ebenso die Karotte und den Sellerie. Alles in die Schüssel zum Fleisch geben, dann die Gewürze, den Rotwein, den Essig und das Wasser dazugeben. Gut verschließen und im Kühlschrank wenigstens 2 Tage, besser 3 Tage ziehen lassen. Das Fleisch sollte von der Marinade bedeckt sein. **2.** Nach der Marinierzeit das Fleisch aus der Marinade nehmen, trockentupfen und salzen. Die Marinade durch ein Sieb abgießen, das Gemüse beiseite stellen. In einem Bräter das Butterschmalz erhitzen und das Fleisch ringsherum gut anbraten. Das beiseite gestellte Gemüse mit den Gewürzen zugeben und ebenfalls mitbraten. **3.** Mit einem Drittel der Marinade ablöschen, den Soßen-Lebkuchen oder die Schwarzbrotrinde hinzufügen, den Deckel auflegen und das Ganze im Backofen bei ca. 120 °C 2–2,5 Stunden schmoren lassen. Immer wieder etwas von der Marinade nachgießen und das Fleisch ab und zu wenden. Es darf nicht die ganze Marinade zugegossen werden, damit die Soße nicht zu sauer wird. Falls nötig, etwas Wasser zugeben. **4.** Nach dem Ende der Garzeit das Fleisch aus dem Topf nehmen und warm stellen. Den Topf auf den Herd stellen, bis die Soße kocht. In einer Pfanne die Butter schmelzen lassen, das Mehl und den Zucker zugeben und bräunen lassen. Mit Wasser ablöschen und zur Soße gießen. Mehrmals aufkochen lassen. Die Soße durch ein Sieb passieren, mit Salz und Pfeffer abschmecken, evtl. noch Zucker und Essig zugeben. Ganz zum Schluss kann man – falls gewünscht – noch den Sauerrahm dazurühren. Das Fleisch in Scheiben schneiden und in die Soße einlegen.

Kalbsnierenbraten oder Kalbsrollbraten

Kalbsnierenbraten war der Festtagsbraten schlechthin. Immer, wenn es ein besonderes Ereignis zu feiern gab, gab es den Kalbsnierenbraten. Nicht nur bei uns, sondern auch auf Hochzeiten war er der Höhepunkt des Festmahls. Es handelt sich dabei um einen Rollbraten, in den die Kalbsnieren mit eingerollt sind. Aufgeschnitten ist in der Mitte der Rolle die dunkle Kalbsniere zu sehen.

FÜR 8 PERSONEN:

1,5 kg Kalbsnierenbraten oder Kalbsrollbraten (vom Metzger herstellen lassen) | Salz | Pfeffer | 3 EL Butterschmalz | 1 Zwiebel | 1 Stück Karotte | 1 Stück Sellerie | ¾ l Kalbsfond aus dem Glas | 3–4 EL saurer Rahm | 2 EL Stärkemehl zum Binden

1. Den Rollbraten mit Salz und Pfeffer gut einreiben und in heißem Butterschmalz von allen Seiten anbraten. In eine Bratreine legen und die klein geschnittene Zwiebel, die Karotte und den Sellerie zufügen. Im heißen Backofen unter häufigem Begießen bei 175 °C mit dem Bratfett braten, dabei nach und nach den heißen Bratfond zugeben. **2.** Gegen Ende der Bratzeit (nach ca. 1,5 Stunden) den Braten mit dem sauren Rahm bestreichen und anbräunen lassen. Den Braten aus der Soße nehmen und warm stellen. Den Bratensatz vom Rand lösen, das Stärkemehl mit etwas Wasser und saurem Rahm verrühren und in der Soße aufkochen. Anschließend die Soße durch ein Sieb abseihen.

Hackbraten oder Falscher Hase

Ein sehr beliebtes und schnell herzustellendes Gericht, zumal bei uns zu Hause die Beilagen wie Kartoffeln und Gemüse gleich mitgeschmort wurden.

FÜR 6 PERSONEN:
2 altbackene Brötchen | 2 Zwiebeln | 2 EL Öl | 1 kg gemischtes Hackfleisch | 1 TL Senf | 1 TL Tomatenmark | 2 Eier | 1 Bund gehackte Petersilie | 1 EL geriebener Majoran | Salz | Pfeffer | Butter zum Fetten der Form und Butterflöckchen | 4 Kartoffeln | 3 Karotten | 1 Stück Sellerie | Brokkoli, Rosenkohl oder Lauch je nach Saison, in Würfeln | 100 ml Fleischbrühe | 100 ml Sahne

1. Die Brötchen einweichen und wieder ausdrücken. Die Zwiebeln klein würfeln und in dem Öl anschwitzen. Das Hackfleisch mit den Zwiebeln, den auseinander gezupften Brötchen, dem Senf, dem Tomatenmark, den Eiern, dem Großteil der Petersilie und dem Majoran vermengen. Mit Salz und Pfeffer kräftig abschmecken. **2.** Einen großen Bräter ausfetten, die Hackmasse hineinlegen und dabei zu einem Laib formen. Außen muss noch Platz für das Gemüse bleiben. Mit Butterflöckchen belegen. Im vorgeheizten Backofen bei 150 °C ca. 50 Minuten braten. **3.** Zwischenzeitlich die Kartoffeln, die Karotten, den Sellerie und das restliche Gemüse würfeln und nach 50 Minuten rundherum um den Hackbraten in den Bräter füllen. Mit der Fleischbrühe und der Sahne angießen und mit Salz und Pfeffer würzen. Weitere 20 Minuten in den Ofen schieben. Nach dem Ende der Garzeit das Gemüse mit der restlichen Petersilie bestreuen und alles servieren.

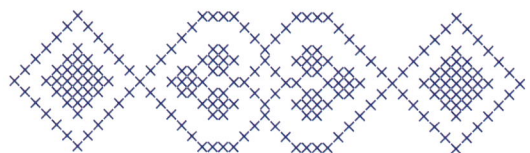

Rinderrouladen

Rouladen waren das ultimative Sonntagsessen, am besten mit selbst gemachten Nudeln oder Kartoffelklößen.

FÜR 4 PERSONEN:

4 Rouladen aus der Oberschale (je ca. 170 g) | Salz | Pfeffer | 6 TL Tomatenmark | 4 TL scharfer Senf | 8 dünne Scheiben geräucherter Schinkenspeck | 8 kleine Gewürzgurken | 3 gehackte Zwiebeln | 1 gehackte Knoblauchzehe | Butterschmalz | 1 Glas Rotwein | 400 ml Rinderbouillon | 1 EL Rosenpaprikapulver | 1 TL scharfes Paprikapulver | 2 EL saurer Rahm | 1 EL Speisestärke

1. Die Rouladen nebeneinander auf einer Arbeitsfläche ausbreiten, salzen und pfeffern und jede Roulade mit 1 TL Tomatenmark und 1 TL Senf bestreichen. Auf jede Roulade 2 Scheiben Schinkenspeck legen sowie zwei in Streifen geschnittene Gürkchen. **2.** Zwei gehackte Zwiebeln und die gehackte Knoblauchzehe in etwas Butterschmalz anschwitzen und auf den Rouladen verteilen. Die seitlichen Fleischlappen über der Fülle einschlagen und die Rouladen aufrollen. Mit Küchengarn oder Rouladennadeln fixieren und mit etwas Mehl bestäuben. **3.** In einem kleinen Bräter etwas Butterschmalz erhitzen und die Rouladen von allen Seiten darin anbraten. Die restlichen Zwiebelwürfel und das restliche Tomatenmark dazugeben und kurz mitrösten. Mit dem Rotwein und der Rinderbouillon ablöschen. Den Bräter schließen und alles bei kleiner Hitze ca. 1 ½ Stunden schmoren lassen. **4.** Nach dem Ende der Garzeit die Rouladen herausnehmen und warm stellen. Die Soße durch ein Sieb in einen Topf gießen, das Paprikapulver, den Sauerrahm und die mit etwas Wasser verrührte Speisestärke zufügen und die Soße aufkochen lassen. Mit Salz und Pfeffer abschmecken. Die Rouladen zurück in die Soße legen und noch ca. 5 Minuten ziehen lassen.

Rindfleisch mit Meerrettichsoße

Es gab keine Hochzeit auf dem Lande, bei der nicht nach der Hochzeitssuppe das Rindfleisch, das zum Suppenkochen verwendet worden war, gereicht wurde. Für viele Hochzeitsgäste bedeutete dieser Gang schon höchste Befriedigung, denn vom Rindfleisch gab es große Mengen auf den Platten und die feine Meerrettichsoße dazu sorgte für den feinen Geschmack. Auf die darauffolgenden Braten war der Hunger dann gar nicht mehr so groß. Wenn ich eine feine Rindfleischsuppe koche, gibt es bei mir das Rindfleisch auch meist mit Meerrettichsoße oder am nächsten Tag als Zwiebelfleisch.

FÜR 4 PERSONEN:
1 kg Tafelspitz | 2–3 Suppenknochen | 1 Stück Knollensellerie | 1 Stange Lauch | 2 Möhren | 1 kleine Zwiebel | Salz

MEERRETTICHSOSSE:
3 EL Butter | 3 EL Mehl | 2 EL Zucker | 100 ml Sahne | ½ l Fleischbrühe | 4 EL Meerrettich aus dem Glas (kein Sahne-Meerrettich) | Salz | Pfeffer

1 In einem großen Topf ca. 1,5 l Wasser zum Kochen bringen. Das Fleisch und die Suppenknochen kalt abspülen und in das kochende Wasser legen. Das Suppengemüse putzen, in Stücke schneiden und zusammen mit dem Salz zum Fleisch in den Topf geben. Den auftretenden Schaum abschöpfen und alles zugedeckt ca. 1,5 Stunden leicht kochen lassen. Das Fleisch bis zum Servieren in der warmen Brühe lassen. **2** Für die Meerrettichsoße die Butter in einem Tiegel schmelzen lassen, das Mehl und den Zucker zufügen und leicht anbräunen lassen. Die Sahne und die Fleischbrühe zugießen und unter ständigem Rühren ca. 10 Minuten bei kleiner Hitze kochen. Es sollen sich keine Klümpchen bilden, sonst mit dem Pürierstab pürieren. Den Meerrettich zufügen und kurz aufkochen lassen. Mit Salz und Pfeffer abschmecken. Das Fleisch aufschneiden und die Soße dazu reichen.

Zwiebelfleisch

Zu einem guten Sonntagsessen gehörte eine kräftige Suppe, oftmals aus einem Stück Rind-fleisch gekocht. Dieses gekochte Rindfleisch gab es dann als Zwiebelfleisch am nächsten oder übernächsten Tag – eine mehr als schmackhafte Resteverwertung.

FÜR 4 PERSONEN:

ca. 500 g gekochtes Rindfleisch (nur die mageren Teile, das Fett herausschneiden) | 2 große Zwiebeln | 2 Knoblauch-zehen | Öl oder Butterschmalz zum Anbraten | 100 g Schinken-würfel | Suppengrün (1 kleine Karotte, Sellerie, Petersilie), sehr klein gehackt | 1 Prise Zucker | 2 enthäutete Tomaten in Würfeln | 400 ml Rinderbrühe (von der Suppe oder als Brühwürfel) | 2 EL Sauerrahm | 6 Cornichons, in Scheibchen | evtl. Speisestärke | Salz | Pfeffer

1. Das Rindfleisch in Streifen schneiden. Die Zwiebeln und Knoblauchzehen fein hacken. In einem Topf etwas Öl oder Butterschmalz heiß werden lassen und die Zwiebel, die Knoblauchzehen und die Schinkenwürfel darin anbra-ten, das klein gehackte Suppengrün zufügen, ebenso die Prise Zucker. **2.** Alles gut anbraten, dann die Tomaten-würfel zugeben und mit der Rinderbrühe ablöschen. Ca. 20 Minuten leicht köcheln lassen, dann den Sauer-rahm und die Gurkenscheibchen zufügen und evtl. mit etwas Speisestärke abbinden. Mit Salz und Pfeffer ab-schmecken. **3.** Die Fleischstreifen zufügen, nochmals er-wärmen und ca. 5 Minuten ziehen lassen.

Gulasch

Gulasch schmeckte immer am besten, wenn es lange geschmort war und das Fleisch schon fast zerfiel.

Für 4 Personen:

600 g gemischtes Gulaschfleisch (halb Rind, halb Schwein) | Salz | Pfeffer | 500 g gehackte Zwiebeln | 1 Knoblauchzehe, klein gehackt | 3 EL Tomatenmark | 300 ml Fleischbrühe | ½ TL Kümmel | 2 TL Speisestärke zum Abbinden | 2 TL edelsüßes Paprikapulver | 2 TL Rosenpaprikapulver | 100 ml Sauerrahm

1. Das Fleisch trockentupfen und in Würfel schneiden. In einer Pfanne Öl erhitzen und das Fleisch bei starker Hitze kräftig rundherum anbraten. Anschließend in einen Bräter geben und kräftig salzen und pfeffern. **2.** In der Pfanne im vorhandenen Bratfett die klein gewürfelten Zwiebeln und den Knoblauch glasig anschwitzen, das Tomatenmark dazurühren und alles mit der Fleischbrühe ablöschen. Alles zum Fleisch in den Bräter schütten. Den Kümmel klein hacken und dazugeben. Den Deckel schließen und ca. 2 Stunden bei kleiner Hitze schmoren lassen. Gelegentlich umrühren. **3.** Wenn das Fleisch weich ist, die Speisestärke mit etwas Wasser verrühren und die Soße damit abbinden. Das Paprikapulver zum Gulasch geben, evtl. noch mit Salz und Pfeffer nachwürzen. Zum Schluss den Sauerrahm unterrühren.

TIPP: *Sehr gut schmeckt es auch, wenn rote Paprikawürfel mitgeschmort werden.*

Schälrippchen

Schälrippchen gab es oft als Sonntagsbraten, und sie waren heiß begehrt, weil sie so schön knusprig waren. Heute heißen sie Spareribs und werden noch genauso gerne gegessen. Zu Schälrippchen fällt mir immer das gütige Gesicht des Metzgermeisters ein, zu dem mich meine Mutter schickte, denn bei ihm bekam man – nach ihrer Meinung – die besten Schälrippchen mit viel Fleisch daran. Das wussten scheinbar auch andere Leute, denn ich musste manchmal eine halbe Stunde anstehen, bekam aber von ihm stets einen Wurstzipfel als Entschädigung, den ich sehr genoss.

FÜR 4 PERSONEN:

2 kg Schälrippchen | Salz | Pfeffer | 1 Knoblauchzehe | 2 Karotten | 1 Stück Knollensellerie | 2 Zwiebeln | ¼ l Fleischbrühe (Instant) | ½ l heißes Wasser | 1 Prise gemahlener Kümmel

1. Die Schälrippchen waschen und trockentupfen. Mit Salz, Pfeffer und der Knoblauchzehe einreiben. Die Rippchen mit den klein geschnittenen Karotten, dem Sellerie und den Zwiebeln in den offenen Bräter legen und in die heiße Röhre (200 °C) schieben. **2.** Nach einer Viertelstunde etwas heißes Wasser oder Brühe zugießen, sodass der Boden bedeckt ist. Das Fleisch immer wieder wenden und Wasser oder Fleischbrühe zugießen, wenn die Soße eingebraten ist. **3.** Wenn die Rippchen schön kross gebraten sind, den Bräter herausnehmen und den Bratenfond durch ein Sieb abgießen. Sollte noch mehr Soße vonnöten sein, den Fond mit etwas heißem Wasser aufgießen. Mit Salz, Pfeffer und Kümmel pikant abschmecken.

TIPP: *Dazu schmecken rohe Kartoffelklöße oder Kartoffelsalat.*

Herzdriggerte

Ins Hochdeutsche übersetzt heißt dieses Gericht »Herzdrücker«. Da mein Vater aus dem pfälzisch-saarländischen Raum stammte, kochte meine Mutter dieses Gericht des Öfteren, sehr zur Freude meines Vaters. Aber Vorsicht, allzu viele dieser Herzdrücker kann man nicht ver-zehren, sonst drücken sie wirklich aufs Herz.

FÜR 4 PERSONEN:
ca. 600 g rohe Kartoffeln | ca. 600 g gekochte Pellkartoffeln | 2 EL Mehl | Salz | 2 Eier | 300 g gemischtes, am besten fett-reduziertes Hackfleisch | Pfeffer | 2 EL Majoran | geriebene Muskatnuss | 1 gewürfelte Zwiebel | 4 EL Butter | 3 EL Sem-melbrösel | 2 EL Schnittlauchringe

1. Die rohen Kartoffeln schälen, reiben und in einem Kar-toffelsäckchen gut ausdrücken, sodass die Masse recht trocken wird. Die gekochten Kartoffeln durch die Presse drücken und zu den rohen Kartoffeln geben. Das Mehl, 1 Prise Salz und die Eier hinzufügen und alles gut ver-kneten. **2.** Das Hackfleisch mit Salz, Pfeffer, Majoran und Muskat würzen. Die Zwiebelwürfel in ca. 1 EL Butter anrösten, dann das gewürzte Hackfleisch zugeben und kurz anbraten. **3.** In einem großen Topf leicht gesalzenes Wasser zum Kochen bringen. Mit nassen Händen aus dem Kartoffelteig ca. 8 Klöße formen. Jeden Kloß in der Mitte eindrücken und etwas Hackfleischfülle in die Vertiefung geben, dann den Teig darüber zusammenklappen und den Kloß in das kochende Wasser geben. Die Hitze zurück-schalten und die Klöße ca. 15 Minuten leicht sieden lassen. **4.** Inzwischen ca. 3 EL Butter in einer Pfanne schmelzen, die Semmelbrösel leicht darin anrösten und die Schnitt-lauchringe dazugeben. Die Klöße aus dem Wasser nehmen und mit der Butter-Semmelbröselsoße übergießen.

TIPP: *Dazu passt frischer Salat.*

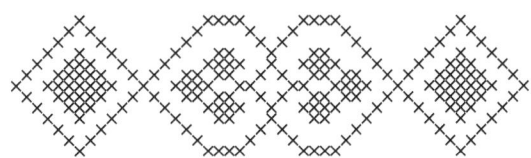

Königsberger Klopse

Was die Königsberger Klopse von allen anderen Hackfleischklößchenrezepten unterscheidet, ist der typisch salzige Geschmack der Kapern. Als Kinder haben wir diese anfangs etwas argwöhnisch betrachtet, aber je älter wir wurden, desto beliebter wurden die Klopse bei uns.

ZUTATEN FÜR 12 KLOPSE:

KLOPSE:

500 g gemischtes Hackfleisch | 2 altbackene Brötchen | 2 Eier | ½ Bund Petersilie, gehackt | etwas geriebene Muskatnuss | etwas abgeriebene Zitronenschale | Salz | Pfeffer | 1 gehackte Zwiebel | 1 Fleischbrühwürfel | 2 Lorbeerblätter | einige Pfefferkörner

SOSSE:

3 EL Butter | 2 EL Mehl | 60 g Kapern mit Flüssigkeit | 1 Prise Zucker | 2 EL Zitronensaft | Salz | Pfeffer | ⅛ l saure Sahne | 3 EL süße Sahne | 1 Eigelb

1. Das Hackfleisch in eine Schüssel geben. Die Brötchen in Wasser einweichen, gleich wieder ausdrücken und zusammen mit den Eiern, der gehackten Petersilie, der Muskatnuss, der Zitronenschale sowie Salz und Pfeffer dem Hackfleisch zufügen. **2.** Die Zwiebel in etwas Butter glasig andünsten und ebenfalls zugeben. Mit nassen Händen gut vermischen, bis ein geschmeidiger Teig entsteht, und diesen herzhaft abschmecken. Mit nassen Händen aus dem Teig etwa 12 mittelgroße Kugeln formen. **3.** In einem weiten Topf ca. 2 l Salzwasser erhitzen, den Fleischbrühwürfel, die Zwiebel, die Lorbeerblätter und die Pfefferkörner zugeben und alles zum Kochen bringen. Die Fleischklopse hineinlegen und 10 Minuten bei schwacher Hitze ziehen lassen, anschließend herausnehmen. **4.** Die Butter in einem Topf schmelzen lassen, das Mehl zufügen, kurz anschwitzen und mit ca. ½ l Kochwasser ablöschen. Unter ständigem Umrühren ca. 10 Minuten leicht köcheln lassen. Dann die Kapern mit der Flüssigkeit zugeben. Die Herdplatte ausschalten. **5.** Die Soße mit Zucker, Zitronensaft, Salz und Pfeffer gut abschmecken. Die Sahne mit dem Eigelb verquirlen und zur Soße geben. Die Klopse einlegen. Alles noch einmal kurz erhitzen, aber nicht kochen lassen, sonst gerinnt die Soße.

TIPP: *Mit Kartoffeln und Rote-Bete-Salat servieren.*

Krautwickel

Bis mir meine Mutter ihren Geheimtipp verriet, wie man die Krautblätter am besten vom Krautkopf löst, war es immer etwas frustrierend für mich, mit den eingerissenen Blättern Krautwickel zu machen. Meine Mutter machte es folgendermaßen: Sie brachte Wasser in einem großen Topf zum Kochen, legte den ganzen Krautkopf hinein, nahm ihn nach ca. 1 Minute wieder heraus und löste die jetzt weichen Blätter problemlos vom Strunk. Diesen Vorgang wiederholte sie immer dann, wenn sich die Blätter nur noch schwer ablösten. Seitdem ich es so handhabe, ist Krautwickel machen ein Kinderspiel.

ZUTATEN FÜR 6 KRAUTWICKEL:
1 mittelgroßer Kopf Weißkraut | 1 altbackenes Brötchen | 2 Zwiebeln, klein gehackt | 2 Knoblauchzehen | einige Stängel Petersilie | 500 g gemischtes Hackfleisch | 1 Ei Größe M | 2 EL geriebener Majoran (getrocknet) | Salz | Pfeffer | 1 klein gehackte Karotte | 1 Stück Sellerie, klein gehackt | ½ Stange Lauch in kleinen Scheibchen | ½ l Bratenfond (Instant) | Küchengarn

1. Die Kohlblätter wie oben beschrieben vom Kopf lösen und die dicken Blattrippen flach schneiden. Pro Krautwickel brauchen Sie zwei Blätter. **2.** Das Brötchen in Wasser einweichen und gleich wieder ausdrücken. Eine Zwiebel und die Knoblauchzehen schälen und fein würfeln. Die Petersilie waschen und fein hacken. Das Hackfleisch in eine Schüssel geben und das eingeweichte Brötchen zerkleinern und dazugeben. Eine Zwiebel, den Knoblauch, die Petersilie, das Ei sowie Majoran, Salz und Pfeffer hinzufügen und alles zu einem Teig verkneten. **3.** In die Mitte eines Kohlblattes ein faustgroßes Stück Hackfleischteig geben, rechts und links die Seiten des Blattes darüber einschlagen und aufrollen. Auf diese Weise in ein zweites Kohlblatt einrollen und das Päckchen mit Küchengarn verschnüren. **4.** In einer Pfanne etwas Öl erhitzen und die Krautwickel rundherum kurz anbraten, dann in einen Bräter mit Deckel setzen. Das klein geschnittene Gemüse und die zweite klein gehackte Zwiebel im Bratfett einige Minuten anschwitzen, mit dem Bratenfond ablöschen und in den Bräter zu den Krautwickeln geben. Den Deckel auflegen und im Backofen bei ca. 170 °C ca. 45 Minuten schmoren. Die Soße mit Salz und Pfeffer abschmecken.

Hackfleisch-Krautstrudel

FÜR ZWEI STRUDEL = CA. 8 PERSONEN:

TEIG:
350 g Mehl, am besten doppelgriffiges Mehl | 4 EL Öl |
1 Prise Salz | 1 Ei | ca. 150 ml lauwarmes Wasser

FÜLLUNG:
3 EL Öl | 3 Knoblauchzehen, klein gehackt | 1 große Zwiebel,
klein gehackt | 100 g Schinkenwürfel | 300 g Hackfleisch |
ca. 500 g gehobeltes Weißkraut | Salz | Pfeffer | 1 TL gemahlener Kümmel | 200 ml Fleischbrühe (Würfel) | Mehl zum Bestäuben | 3 EL zerlassene Butter

1. Das Mehl mit dem Öl, dem Salz, dem Ei und dem Wasser mit dem Knethaken des Handrührgeräts zu einem glatten Teig verarbeiten. Zu einer Kugel formen und auf einen Teller legen. Einen Topf ohne Inhalt auf dem Herd erwärmen und über die Teigkugel stülpen. Ca. 1 Stunde ruhen lassen. **2.** Zwischenzeitlich das Öl in einer Pfanne erhitzen und darin den Knoblauch, die Zwiebel und die Schinkenwürfel andünsten. Das Hackfleisch zufügen und unter Rühren krümelig anbraten. Dann das Kraut zugeben und unter Umrühren ebenfalls anbraten. Salz, Pfeffer, Kümmel sowie die Fleischbrühe zufügen und 10 Minuten kochen, dann vom Herd nehmen und auskühlen lassen. Die Masse darf nicht zu nass sein. **3.** Ein großes Tuch auf dem Tisch ausbreiten und mit Mehl bestäuben. Die Hälfte des Teiges so dünn wie möglich ausrollen. Dann mit dem Handrücken vorsichtig unter den Teig gehen, diesen anheben und dabei immer dünner ziehen. **4.** Die Hälfte der Hackfleisch-Kraut-Masse darauf verstreichen, dabei die Ränder etwas frei lassen, und den Strudel mit Hilfe des Tuches aufrollen. Die Strudelränder mit etwas Wasser verkleben, dann auf ein mit Backpapier ausgelegtes Backblech oder in eine gefettete Bratreine legen. Mit der anderen Hälfte des Teiges genauso verfahren. Den Strudel mit zerlassener Butter bestreichen und im Backofen bei 175 °C ca. 45 Minuten backen.

TIPP: *Dazu passen Salate oder Kräutersoßen. Sie können anstelle des Weißkrauts auch Sauerkraut verwenden, das man allerdings etwas abtropfen lassen oder ausdrücken muss.*

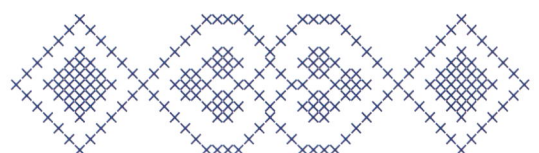

Karpfen in pikantem Bierteig

FÜR 4 PERSONEN:
3 Eiweiß | ¼ TL Salz | 200 g Mehl | 120 ml Bier | 3 Eigelb |
1 EL Öl | 2 TL grob zerstoßener schwarzer Pfeffer | Öl zum
Ausbacken | 2 größere Karpfenfilets, in der Mitte geteilt;
entspricht 4 Filetstücken

1. Das Eiweiß mit einer Prise Salz steif schlagen. Das Mehl mit dem Bier glatt rühren. Eigelb, Öl, Salz und Pfeffer mit dem Schneebesen unterrühren und dann den Eischnee unterheben. Der Teig sollte etwas fester als Pfannkuchenteig sein. Falls er zu fest ist, noch etwas Bier unterrühren. **2.** Das Öl in der Friteuse oder in einer hohen Pfanne auf 180 °C erhitzen (Kochlöffelprobe: Einen Holzlöffel in das Fett tauchen; wenn sich daran kleine Blasen bilden, ist die Temperatur richtig). **3.** Die Fischstücke in den Bierteig tauchen (dabei darauf achten, dass alle Teile bedeckt sind) und in dem siedenden Fett von beiden Seiten ca. 5 Minuten ausbacken. Auf Küchenkrepp abtropfen lassen und im vorgeheizten Backofen warm halten, bis alle Stücke fertig sind. Mit gemischten Blattsalaten servieren.

Labskaus

Bei Labskaus gilt: Entweder man mag ihn oder man mag ihn nicht. Tatsache ist, dass die für viele abenteuerlich wirkende Zusammensetzung der Zutaten nicht jedermanns Geschmack ist. Aber Tatsache ist auch, dass es kein typischeres Gericht an der Nordseeküste gibt als Labskaus. Hier eines von Hunderten möglicher Rezepte:

FÜR 4 PERSONEN:
1 kg gepökeltes Rindfleisch | 4 Zwiebeln | 1 Lorbeerblatt | 2 Gewürznelken | 1 kg Kartoffeln | 2–3 EL Schweineschmalz | Salz | Pfeffer | 4 Salzgurken | 4 Matjesfilets | 4 Spiegeleier

1. Das gepökelte Rindfleisch zusammen mit einer Zwiebel, dem Lorbeerblatt und den Gewürznelken in reichlich Wasser ca. 1 Stunde kochen. Die Kartoffeln schälen, in Stücke schneiden und weich kochen. Die Zwiebeln klein würfeln und im Schweinschmalz glasig dünsten, mit Kochbrühe ablöschen und weich dünsten. **2.** Das Fleisch durch den Fleischwolf drehen, zu den gekochten Kartoffeln geben und alles mit dem Stampfer durchstoßen, sodass ein Brei entsteht. (Der Brei bekommt durch das Pökelfleisch eine rötliche Farbe). Eventuell noch mit etwas Kochbrühe geschmeidig rühren und mit Salz und Pfeffer abschmecken. **3.** Jede Portion mit einer in Scheiben geschnittenen Salzgurke und einem Matjesfilet belegen und ein Spiegelei daraufsetzen.

Matjes nach Art der Hausfrau

Matjes schmecken am besten im Mai und Juni, wenn sie Saison haben. In meiner Jugend gab es nur Salzheringe aus dem Fass, die erst noch einen Tag gewässert werden mussten, um den starken Salzgeschmack zu mildern. Aber zubereitet wurden sie genauso.

FÜR 4 PERSONEN:
8 Matjesfilets | 2 mittelgroße Zwiebeln | 6 Cornichons | 2 säuerliche Äpfel | 200 ml saure Sahne | 200 ml Naturjoghurt | 3 EL Gurkensud | Salz | Pfeffer | 1 Prise Zucker

1. Die Matjesfilets kalt abspülen, trockentupfen und in Stücke schneiden. **2.** Die Zwiebeln schälen und in feine Ringe schneiden. Die Cornichons in Scheibchen schneiden. Die Äpfel waschen und vierteln. Das Kerngehäuse herausschneiden und die Viertel in feine Scheiben schneiden. **3.** Die saure Sahne mit dem Joghurt, dem Gurkensud sowie Salz, Pfeffer und Zucker verrühren. Die Matjes, die Gurken, die Zwiebeln und die Äpfel daruntermischen und alles vor dem Servieren mindestens 1 Stunde ziehen lassen.

TIPP: *Dazu passen am besten Pellkartoffeln oder deftiges Schwarzbrot.*

Süße Gerichte

Apfelkoch

Eine fantastisch schmeckende Mehlspeise, die sich sowohl als Hauptgericht als auch als Dessert eignet.

FÜR EINE MITTELGROSSE AUFLAUFFORM ODER RUNDE BACKFORM:

Butter zum Ausfetten der Form | 8 mittelgroße Äpfel | 2 Hand voll Beeren oder einige EL Konfitüre | 125 g Butter | 125 g Zucker | 3 Eier, getrennt | 200 ml süße Sahne | 2 EL Zitronensaft | 125 g Mehl

1. Die Auflauf- oder Backform gut mit Butter ausfetten. Die Äpfel schälen, das Kernhaus ausstechen und die Äpfel nebeneinander in die Form setzen. In die Höhlung die Beeren oder Konfitüre füllen. **2.** Die Butter mit dem Zucker und den Eigelben schaumig schlagen. Dann die Sahne und den Zitronensaft zufügen und das Mehl unterrühren. Zum Schluss das Eiweiß zu Schnee schlagen und vorsichtig unterheben. Die Masse über die Äpfel in der Form gießen und das Ganze im vorgeheizten Ofen bei 175 °C ca. 35 Minuten hellbraun backen.

Grießauflauf

FÜR 4 PERSONEN:

600 ml Milch | 130 g grober Grieß | 1 Prise Salz | 50 g Butter | 60 g Zucker | abgeriebene Schale einer halben Zitrone | 3 Eier, getrennt | 50 g Rosinen | 1 EL Arrak oder Rum | 3 klein geschnittene Äpfel, Birnen oder Aprikosen, je nach Saison | Butterflöckchen

1. Die Milch zum Kochen bringen, den Grieß zusammen mit der Prise Salz langsam einrieseln lassen und unter Rühren kurz zu dickem Brei aufkochen. Vom Herd nehmen und unter gelegentlichem Umrühren erkalten lassen. **2.** Die Butter schaumig rühren. Den Zucker, die Zitronenschale und die Eigelbe zugeben und einige Minuten gut verrühren, dann esslöffelweise den Grießbrei dazugeben. Zuletzt die Rosinen und den Arrak oder Rum zufügen und den steif geschlagenen Eischnee unterheben. **3.** Die Hälfte der Masse in eine gut gefettete Auflaufform einfüllen, darauf das Obst verteilen und dann den restlichen Teig darüberfüllen und glatt streichen. Im vorgeheizten Backofen bei 175 °C ca. 45 Minuten backen, dabei nach der Hälfte der Backzeit kleine Butterflöckchen auf dem Teig verteilen.

TIPP: *Wenn man will, kann man dazu auch eine Weinschaum- oder Vanillesoße reichen oder Beeren der Saison.*

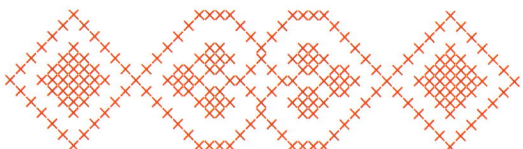

Bettelmann

Wenn sich bei meiner Mutter Schwarzbrotreste angesammelt hatten, gab es den Bettelmann. Ganz im Gegensatz zum Namen schmeckt der Bettelmann fürstlich.

FÜR 4 PERSONEN:

300 g trockene Schwarzbrotbrösel | 1 Glas Rotwein | 150 g Zucker | 1 TL Zimt | 100 g Rosinen | 600 g fein geschnittene Äpfel | Zucker zum Bestreuen | 100 g Butter in Flöckchen

1. Die Schwarzbrotreste werden in einem Säckchen mit dem Fleischklopfer zu Bröseln geschlagen. Die Brösel mit dem Rotwein gut befeuchten und ca. 10 Minuten weichen lassen und dann mit dem Zucker und dem Zimt vermengen. **2.** Man streicht eine Auflaufform gut mit Butter aus, gibt darauf ein Viertel der befeuchteten Brösel. Darauf verteilt man Rosinen und gibt eine Lage mit Zucker bestreuter Apfelstückchen darüber, auf die man Butterflöckchen setzt. **3.** Darauf schichtet man die zweite Lage Brösel, Rosinen, Äpfel und Butterflöckchen und verfährt auch mit der dritten Lage so. Den Abschluss bildet eine Lage mit Bröseln, die reichlich mit Butterstückchen belegt werden. **4.** Im vorgeheizten Backofen bäckt man den Bettelmann bei 175 °C ca. 50 Minuten.

Apfelkräpfchen

Apfelkräpfchen, auch Apfelküchlein genannt, gab es früher im Herbst und Winter – eben solange die Äpfel im Keller eingelagert waren – jede Woche, natürlich sehr zur Freude von uns Kindern. Heute gibt es das ganze Jahr Äpfel, und man kann die Apfelküchlein immer wieder genießen.

Für ca. 20 Apfelkräpfchen:

6 große säuerliche Äpfel | 3 EL Zucker | 20 g Butter | 2 Eiweiß | 2 Eigelb | 200 g Mehl | 1 Prise Salz | 200 ml Milch, Bier oder Apfelmost | Öl oder Butterschmalz zum Ausbacken | Zimtzucker zum Bestreuen

1. Die Äpfel schälen und das Kerngehäuse mit Stiel und Blüte ausstechen. Die Äpfel quer in 1 cm dicke Scheiben schneiden, sodass in der Mitte das ausgestochene Loch zu sehen ist. Die Scheiben mit 1 EL Zucker bestreuen. **2.** Die Butter zerlassen und abkühlen lassen. Die Eiweiße zu steifem Schnee schlagen. Die Eigelbe mit dem restlichen Zucker, dem Mehl, dem Salz, der Milch bzw. dem Bier oder Most zu einem glatten Teig verrühren, die zerlassene Butter unterheben. Den Teig etwas stehen lassen, damit das Mehl ausquellen kann. Dann vorsichtig den Eischnee unterheben. **3.** Das Fett in einem Tiegel erhitzen. Die Apfelscheiben durch den Teig ziehen und in dem heißen Fett ausbacken, bis sie goldbraun sind. Auf Küchenkrepp abtropfen lassen und mit Zimtzucker bestreuen.

Zwetschgenknödel

Hier möchte ich Ihnen zwei verschiedene Zubereitungsarten – mit Hefe- und mit Kartoffelteig – vorstellen, die beide auf ihre Weise sehr lecker schmecken und sich auch für andere Kernobstarten wie Pflaumen, Kirschen, Aprikosen und sogar Erdbeeren eignen.

ZUTATEN FÜR CA. 20 KARTOFFELKNÖDELCHEN:
500 g mehlig kochende Kartoffeln | 75 g Mehl | ½ TL Salz | 1 Ei | ca. 20 Zwetschgen | ca. 20 Stück Würfelzucker | 3 EL Butter | 5 EL Zucker | Zimt | 2 EL Semmelbrösel

1. Die Kartoffeln im Ganzen kochen, schälen und noch warm durch die Kartoffelpresse drücken. Abkühlen lassen. **2.** Das Mehl, das Salz und das Ei zugeben und alles zu einem Teig vermengen. Falls der Teig zu weich ist, noch etwas Mehl oder Grieß zugeben. **3.** Den Teig zu einer dicken Rolle formen und jeweils fingerdicke Scheiben abschneiden, in die je eine Zwetschge mit einem Stück Würfelzucker darin eingewickelt wird. Die Knödel rund formen und in kochendem Salzwasser in einem weiten Topf ca. 7–10 Minuten ziehen lassen. Mit dem Schaumlöffel herausnehmen. **4.** Die Butter in einer Pfanne erhitzen, den Zucker, den Zimt und die Semmelbrösel zugeben, etwas anbräunen lassen und die Knödel darin wälzen oder damit begießen. Gleich servieren.

Zutaten für ca. 20 Hefeteigknödelchen:
250 g Mehl | 10 EL Zucker | ½ Pk. Trockenhefe | ¼ l lauwarme Milch | 1 Prise Salz | 1 Ei | 70 g zerlassene Butter | ca. 20 Zwetschgen | ca. 20 Stck. Würfelzucker | 3 EL Butter | Zimt | 2 EL Semmelbrösel

1. Das Mehl mit 5 EL Zucker und der Trockenhefe vermengen. Die Milch, das Salz, das Ei und die zerlassene Butter zufügen und mit dem Knethaken des Rührgerätes zu einem geschmeidigen Teig verkneten. An einen warmen Platz stellen und gehen lassen, bis sich die Teigmenge verdoppelt hat. **2.** Inzwischen die Zwetschgen entkernen und in jede Zwetschge 1 Stück Würfelzucker geben. Den Teig nochmals durchkneten und ca. 1 cm dick ausrollen. Aus dem Teig ca. 7 x 7 cm große Quadrate ausrollen, auf jedes Quadrat eine Zwetschge legen und den Teig rundherum zu einem kleinen Kloß formen. Die Klöße nochmals ca. 10 Minuten gehen lassen. **3.** Zwischenzeitlich Salzwasser in einem weiten Topf zum Kochen bringen und die Klöße darin ca. 15 Minuten ziehen lassen. Sie sind fertig, wenn sie an die Oberfläche steigen. Mit einem Schaumlöffel herausnehmen. **4.** Die Butter in einer Pfanne erhitzen, den restlichen Zucker, den Zimt und die Semmelbrösel zugeben, etwas anbräunen lassen und die Knödel darin wälzen oder damit begießen. Gleich servieren.

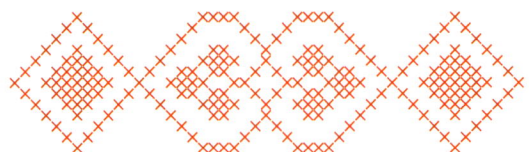

Apfelstrudel

FÜR ZWEI STRUDEL:

TEIG:

350 g Mehl, am besten doppelgriffiges Mehl | 4 EL Öl |
1 Prise Salz | 1 Ei | ca. 150 ml lauwarmes Wasser

FÜLLUNG:

1 kg Äpfel | 4 EL zerlassene Butter | 1 TL Zimt | 100 g Zucker |
100 g Sultaninen | 100 g gehackte Mandeln

Butter zum Fetten der Form | Milch zum Bestreichen |
Puderzucker zum Bestreuen

1. Alle Zutaten für den Teig in einer Schüssel mischen und mit dem Knethaken des Handrührgeräts zu einem glatten Teig verarbeiten. Den Teig zu einer Kugel formen und auf einen Teller legen. Einen Topf ohne Inhalt auf dem Herd erwärmen und warm über die Teigkugel stülpen. Ca. 1 Stunde ruhen lassen. **2.** Zwischenzeitlich die Äpfel schälen und feinblättrig schneiden oder hobeln. **3.** Ein großes Tuch auf dem Tisch ausbreiten, mit Mehl bestäuben und die Hälfte des Teiges so dünn wie möglich ausrollen. Dann mit dem Handrücken vorsichtig unter den Teig gehen, diesen anheben und dabei immer dünner ausziehen. **4.** Den Teig mit zerlassener Butter bepinseln und die Hälfte der gehobelten Äpfel darauf verteilen. Mit Zimt und Zucker sowie jeweils der Hälfte der Sultaninen und Mandeln bestreuen. Die seitlichen Ränder des Strudels etwas einschlagen, dann diesen mit Hilfe des Küchentuches aufrollen. **5.** In eine mit Butter ausgestrichene Bratreine oder auf ein gefettetes Backblech legen und nochmals mit zerlassener Butter bestreichen. Im Ofen ca. 45 Minuten bei 175 °C backen. Ab und zu mit Milch bestreichen, damit der Strudel saftig bleibt. Nach dem Backen mit Puderzucker bestreuen. **5.** Den zweiten Strudel auf dieselbe Weise herstellen.

TIPP: *Man kann auch nach einer Backzeit von 15 Minuten 200 ml süße Sahne mit 2 EL Zucker zu dem Strudel in die Bratreine gießen und den Strudel so zu Ende backen. Dies verleiht dem Strudel zusätzliches Aroma.*

Gefüllte Rohrnudeln

Eine Füllung aus Apfel- oder Pflaumenmus macht diese Rohrnudeln so köstlich, wobei auch ungefüllte Rohrnudeln an sich schon ein Gedicht sind.

FÜR 4 PERSONEN:

500 g Mehl | 1 Würfel Hefe | ⅛ l lauwarme Milch | 50 g Zucker | 200 g Butter | 1 Prise Salz | 1 Ei | 2 Eigelb | Pflaumen- oder Apfelmus für die Füllung

1. Das Mehl in eine Schüssel sieben, in die Mitte eine Mulde drücken und die Hefe hineinbröckeln. Etwas lauwarme Milch, etwas Zucker und Mehl dazurühren und das Ganze ca. 15 Minuten gehen lassen. 100 g Butter in der restlichen Milch zerlaufen und wieder abkühlen lassen. **2.** Nach dem Aufgehen des Vorteiges den restlichen Zucker, die Milch-Butter-Mischung, das Salz, das Ei und die Eigelbe zufügen und alles kräftig mit dem Knethaken des Rührgerätes verkneten, bis sich der Teig vom Schüsselrand löst und Blasen wirft. Den Teig warm stellen und gehen lassen, bis sich sein Volumen verdoppelt hat. **3.** Dann den Teig auf einer bemehlten Arbeitsfläche ca. 2 cm dick auswellen und in Quadrate mit ca. 8 x 8 cm schneiden. Die Quadrate mit dem Mus bestreichen, die Teigecken hochziehen und gut zusammendrücken, damit nichts herausläuft. Nebeneinander in eine gut gefettete Bratreine oder Auflaufform setzen und weitere 20 Minuten gehen lassen. Mit der restlichen Butter bestreichen und im vorgeheizten Backofen bei 175 °C ca. 35–40 Minuten backen. Mit Puderzucker bestäuben und gleich servieren.

TIPP: *Meine Schwiegermutter machte Rohrnudeln ohne Füllung. Dazu bereitet man den gleichen Hefeteig, sticht mit dem Löffel gleichmäßige Stücke aus, formt sie wie einen Knödel und setzt sie nebeneinander in die Bratreine. Nach ca. 20 Minuten backen gab sie ca. ⅛ l mit Milch verrührte Sahne und 3 Hand voll Zucker dazu. Bis zum Ende der Backzeit war die Sahne-Zucker-Mischung dann karamellisiert und wurde herausgekratzt. In diese Rohrnudeln hätte man sich hineinsetzen mögen, so gut waren sie.*

Scheiterhaufen

Scheiterhaufen waren bei uns zu Hause eines der gängigsten Gerichte zur Verwendung alten Brotes oder alter Brötchen.

FÜR 4 PERSONEN:

10 altbackene Brötchen | ca. 700 ml Milch | 80 g Zucker | 3 Eier | abgeriebene Schale ½ Zitrone | 750 g klein geschnittene Äpfel | 3 EL Weinbeeren oder Sultaninen | ½ TL Zimtpulver | Butterflöckchen

1. Die Brötchen in ca. 1 cm dicke Scheiben schneiden. Die Milch mit dem Zucker, den Eiern und der Zitronenschale verquirlen und zwei Drittel davon über die Brötchen schütten, diese etwas weichen lassen, dabei die Scheiben aber nicht umrühren. **2.** Eine Auflaufform kräftig ausbuttern und eine Lage der geweichten Brötchenscheiben einlegen. Die Äpfel mit den Weinbeeren und dem Zimt vermischen und eine Lage davon auf die Brötchen geben. Abwechselnd Brötchen und Äpfel einlegen, bis alles verbraucht ist. Die oberste Lage sollten Brötchen sein. Den Rest der Eiermilch darübergießen und alles mit Butterflöckchen belegen. Im vorgeheizten Backofen bei 175 °C ca. 45 Minuten backen.

Semmelpudding in Wasserbad

Voraussetzung für diese wunderbare Mehlspeise ist eine Puddingform mit einem verschließbaren Deckel (Fachhandel). Meine Form habe ich schon von meiner Mutter geerbt und verwende sie sehr häufig.

ZUTATEN FÜR EINEN PUDDING (CA. 4 PERSONEN):

6 Milchbrötchen (Semmeln) | ½ l Milch | 6 Eier | 120 g Butter | 100 g Zucker | geriebene Schale einer Zitrone | ½ TL Zimt | 3 EL Sultaninen | Butter und Semmelbrösel für die Form

1. Die Brötchen fein schneiden, die kochende Milch darübergießen und die Brötchen etwas weichen lassen. **2.** Die Eier trennen, das Eiweiß zu sehr steifem Schnee schlagen. Die Butter mit dem Zucker schaumig rühren, nach und nach die Eigelbe und Gewürze zufügen. Die eingeweichten Brötchen und die Sultaninen dazurühren, zum Schluss vorsichtig den Eischnee unterheben. **3.** Zwischenzeitlich einen Topf, der größer als die Puddingform ist, halb mit Wasser füllen und dieses zum Kochen bringen. **4.** Eine Puddingform mit Deckel gut mit Butter einfetten und mit Semmelbröseln bestreuen. Die Puddingmasse einfüllen, die Form verschließen und in das kochende Wasserbad setzen. Evtl. einen schweren Gegenstand auf die Puddingform legen, damit sie stehen bleibt. 1 Stunde leicht kochen lassen. Die Form öffnen und den Pudding auf eine Platte stürzen.

TIPP: *Dazu reicht man Vanillesoße oder Weinschaumsoße.*

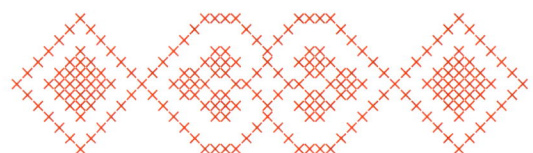

Grießschnitten

Grießschnitten wirken anscheinend sehr besänftigend auf das Gemüt. Zumindest auf das meines Cousins. Als verwöhnter Nachzügler hatte er immer mal wieder schwere Trotz- und Heulattacken und war dann sehr ungenießbar. An solchen Tagen machte seine Mutter ihm Grießschnitten – seine Lieblingsspeise. Und siehe da, nach dem Essen war er wie ausgewechselt: freundlich und wieder ganz lieb.
Aber auch Erwachsene lieben Grießschnitten, denn sie ergeben mit Zwetschgen- oder Heidelbeerkompott ein wunderbares Mittagessen.

FÜR 4 PERSONEN:
1 l Milch | 1 Prise Salz | 1 EL abgeriebene Zitronenschale | 200 g Weichweizengrieß | 50 g Butter | 4 EL Zucker | 3 Eier, getrennt | 2 Eier | Semmelbrösel | Butterschmalz zum Ausbacken | Zucker und Zimt zum Bestreuen

1. Die Milch mit dem Salz und der Zitronenschale zum Kochen bringen und unter Rühren den Grieß hineinschütten. Unter weiterem Rühren den Grieß ca. 10 Minuten zu einem dicken Brei kochen. Den Topf vom Herd nehmen und die Butter und den Zucker dazurühren. Die Eiweiße zu steifem Schnee schlagen. **2.** Den Brei noch weitere 5 Minuten abkühlen lassen, dann nacheinander die 3 Eigelbe unterrühren und vorsichtig den Eischnee unterheben. **3.** Ein großes Brett oder Blech leicht mit Wasser benetzen und den Grießbrei darauf mit einem feuchten Messer ca. 2–3 cm dick verstreichen. Ganz abkühlen lassen, dann in Rauten oder Rechtecke schneiden. **4.** Für die Panade die Eier gut verquirlen, die Grießschnitten erst im Ei und dann in den Semmelbröseln wenden. **5.** Das Butterschmalz in einer großen Pfanne erhitzen und die Grießschnitten goldbraun darin ausbacken. Auf Küchenkrepp kurz entfetten, mit Zucker und Zimt bestreuen und mit Kompott servieren.

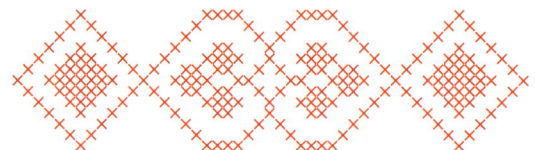

Hefepfannkuchen

FÜR 4 PERSONEN:

500 g Mehl | 1 nussgroßes Stück Hefe | 4 EL Zucker | ½ l lauwarme Milch | 3 EL zerlassene Butter | 2 Eier | Butterschmalz oder Öl zum Ausbacken

1. Das Mehl in eine Schüssel sieben, eine Mulde hineindrücken und die Hefe hineinbröseln. Mit etwas Zucker, Mehl und Milch verrühren und ca. 15 Minuten gehen lassen. **2.** Dann den restlichen Zucker, die Butter, die Eier und nach und nach unter Rühren die restliche Milch zugeben, sodass ein flüssiger Teig entsteht. Diesen ca. eine halbe Stunde gehen lassen. **3.** In einer Stielpfanne Butterschmalz oder Öl erhitzen und mit dem Schöpflöffel kleine Plätzchen einlegen und diese auf beiden Seiten goldbraun ausbacken.

TIPP: *Hefepfannkuchen schmecken mit süßem Kompott unvergleichlich gut.*

Ofenschlupfer

FÜR 4 PERSONEN:

70 g Butter | 6 Brötchen vom Vortag | 6 Äpfel | 100 g Sultaninen | Zimt | 3 Eier | ½ l Milch | 3 EL Zucker

1. Eine Auflaufform mit Butter ausfetten. Die Brötchen in Scheiben schneiden. Die Äpfel schälen, das Kernhaus ausstechen und die Äpfel ebenfalls in Scheiben schneiden. **2.** In die Auflaufform zuerst eine Schicht Brötchen legen, darauf eine Schicht Apfelscheiben, darüber Sultaninen und Zimt streuen. Abwechselnd Brötchen und Äpfel einschichten und bestreuen, bis alle Zutaten verbraucht sind. **3.** Die Eier mit der Milch und dem Zucker verquirlen und darübergießen. Zuletzt die Butter in Flöckchen daraufsetzen. Den Auflauf bei 200 °C auf der unteren Leiste ca. 1 Stunde backen, bis die Oberfläche goldbraun ist.

Kirschenmichel

Nicht weit von meiner Heimatstadt liegt ein großes Kirschenanbaugebiet. In der Erntezeit der Kirschen von Juni an, wenn die ersten Kirschensorten reiften, bis zu den heiß begehrten »Krachern«, die Mitte Juli kamen, konnte man bei Bekannten nach Herzenslust ernten. Wenn die Kirschen für den Winter eingeweckt waren, gab es immer den Kirschenmichel, natürlich mit vielen Kirschen, damit er richtig saftig war.

FÜR 6 PERSONEN:
750 g Süß- oder Sauerkirschen | 6 Brötchen vom Vortag | 300 ml heiße Milch | 5 Eier | 80 g Butter | 100 g Zucker | ½ TL Zimt | Saft und abgeriebene Schale einer halben Zitrone | Butter für die Form | Semmelbrösel | Butterflöckchen

1. Die Kirschen entsteinen. Die Brötchen in dünne Scheiben schneiden, mit der heißen Milch übergießen und etwas weichen lassen. Die Eier trennen, das Eiweiß zu steifem Schnee schlagen. **2.** Die Butter mit dem Zucker und den Eigelben schaumig rühren. Das Zimtpulver, die Schale und den Saft der Zitrone und die eingeweichten Brötchen daruntermischen. Zum Schluss die Kirschen und vorsichtig den Eischnee unterheben. **3.** Eine große Auflaufform oder Bratreine gut ausbuttern. Die Brötchen-Kirschen-Masse einfüllen und glatt streichen. Die Oberfläche mit Semmelbröseln bestreuen und einige Butterflöckchen aufsetzen. **4.** Den Auflauf im vorgeheizten Backofen bei 150 °C ca. 50 Minuten backen. Beim Herausnehmen auf Wunsch mit Zimtzucker bestreuen und sofort servieren.

TIPP: *Um auch im Winter nicht auf Kirschenmichel verzichten zu müssen, friere ich mir in der Kirschensaison bereits entsteinte Kirschen ein. Aber Sie können durchaus auch ein Glas Sauerkirschen dazu verwenden.*

Kaiserschmarrn

Kaiserschmarrn gab es bei uns oft als süßes Hauptgericht zusammen mit eingemachtem Obst, nie als Dessert, obwohl er auch dafür wunderbar geeignet ist, denn von dieser leckeren Süßspeise geht immer noch ein bisschen, selbst wenn man schon satt ist.

ZUTATEN FÜR 4 PERSONEN:
5 Eier | 250 ml Milch | 1 Prise Salz | 1–2 EL Zucker | 40 g Rosinen | 200 g Mehl | Butterschmalz oder Margarine zum Ausbacken | Puderzucker zum Bestäuben

1. Die Eier trennen und das Eiweiß zu steifem Eischnee schlagen. Die Eigelbe mit der Milch, dem Salz, dem Zucker, den Rosinen und dem Mehl verquirlen und einige Minuten ruhen lassen. Dann den Eischnee vorsichtig unterheben. **2.** In einer Pfanne das Butterschmalz oder die Margarine erhitzen und zwischen einem Viertel bis zur Hälfte des Teiges eingießen. Bei mäßiger Hitze backen, bis die Unterseite schön goldgelb ist, dann wenden und einige Minuten weiterbacken. **3.** Mit Holzspateln in kleine Stücke reißen und noch kurzzeitig weiterbraten. Auf den Teller geben und mit Puderzucker bestreuen. Mit dem Restteig in gleicher Weise verfahren.

Karthäuserklöße

Wenn diese leckere Süßspeise wirklich eine Fastenspeise der Karthäußermönche war, dann wünscht man sich mehr dieser Fastenspeisen, denn diese ist einfach köstlich.

FÜR 4 PERSONEN:

8–10 altbackene Milchbrötchen | 600 ml Milch | 3 Eier, getrennt | 50 g Zucker | 1 Prise Salz | 2 EL Wasser | abgeriebene Brösel der Brötchen oder Semmelbrösel, wenn sie nicht ausreichen | Butterschmalz zum Ausbacken | Zimtzucker

1. Die Brötchen halbieren und auf der Küchenreibe die braune Kruste abreiben. Die Hälften nebeneinander auf ein Backblech mit hohem Rand oder Ähnliches legen. **2.** Die Milch mit den Eigelben, dem Zucker und dem Salz verquirlen und über die Brötchenhälften gießen. Weichen lassen, dabei umdrehen, damit alle Seiten gleich durchziehen können. **3.** Das Eiweiß mit dem Wasser verquirlen, die geweichten Brötchen erst darin, dann in den abgeriebenen Bröseln wenden und in heißem Butterschmalz von allen Seiten goldgelb ausbacken. In Zimtzucker wälzen und servieren.

TIPP: *Am besten schmeckt dazu eine Vanille- oder eine Weinschaumsoße.*

Quarkauflauf

Quarkauflauf gab es immer, wenn Beeren- oder Apfel- bzw. Birnenernte war.

ZUTATEN FÜR 4 PERSONEN:

3 Eier, getrennt | 100 g Butter | 150 g Zucker | 1 Pk. Vanille-zucker | 500 g Quark | Saft und Schale einer Zitrone | 500 g Äpfel, Birnen, Kirschen oder Johannisbeeren

1. Die Eier trennen, das Eiweiß zu steifem Schnee schla-gen. **2.** Die Butter schaumig rühren. Den Zucker, das Eigelb, den Vanillezucker, den Quark und Zitronensaft und -schale zugeben und noch einige Minuten gut rühren. **3.** Die fein geschnittenen Äpfel bzw. Birnen, die ent-steinten Kirschen oder die Johannisbeeren dazugeben und zuletzt vorsichtig den Eischnee unterheben. Die Masse in eine gebutterte Auflaufform füllen und bei 170 °C ca. ½ Stunde backen.

Reisauflauf

FÜR EINE AUFLAUFFORM:

1,25 l Milch | 1 Prise Salz | 240 g Milchreis | 150 g Butter | 5 Eier, getrennt | 100 g Zucker | 250 g Magerquark | abge-rieben Zitronenschale

1. Die Milch mit dem Salz zum Kochen bringen und den Reis mit 2 EL der Butter unter Rühren weich kochen. Abkühlen lassen, bis er lauwarm ist, dann die restliche Butter unterrüh-ren. **2.** Die Eier trennen, das Eiweiß zu steifem Schnee schla-gen. Die Eigelbe mit dem Zucker schaumig schlagen, den Quark und die Zitronenschale hinzufügen und alles unter den Reisbrei mischen. Zum Schluss vorsichtig den Eischnee unter-heben. **3.** Eine Auflaufform gut ausbuttern und die Reismasse hineinfüllen. Im Backofen bei 175 °C ca. 1 Stunde backen.

TIPP: *Als Variante können Sie unter die Reismasse klein geschnitte-ne Äpfel oder Kirschen mischen. Oder Sie setzen auf den Boden der Auflaufform geschälte, halbierte Äpfel ohne Kernhaus. In die Kern-hausmulde füllen Sie Himbeermarmelade und verteilen darüber die oben beschriebene Reismasse.*

Striezel

Striezel werden mancherorts auch Kopfkissen genannt und sind ein Hefegebäck, das in schwimmendem Fett ausgebacken wird. Während des Backens bläht es sich wie Kopfkissen auf und wird innen hohl. Striezel werden seit Jahrhunderten in Bayern gebacken und sind das Sonntagsgebäck schlechthin. Sie lassen sich wunderbar einfrieren, und wenn man sie kurz im Backofen aufbäckt, schmecken sie wieder wie frisch gebacken.

ZUTATEN FÜR 40 STRIEZEL:
1 kg Mehl | 1 Würfel Hefe (42 g) oder 1 Pk. Trockenhefe | 60 g Zucker | 250 ml lauwarme Milch | 80 g zerlassene Butter | 4 Eier | ¼ TL Salz | ca. 1 kg Backfett z.B. Biskin oder Butterschmalz | Puderzucker zum Bestäuben

1. Das Mehl in eine Schüssel sieben und eine Mulde hineindrücken. In diese Mulde die Hefe bröckeln, 1 EL Zucker und 5 EL Milch dazugeben und mit etwas Mehl vom Muldenrand verrühren. Dann die Schüssel an einen warmen Ort stellen und diesen Vorteig ca. 15–20 Minuten gehen lassen. **2.** Mit dem Knethaken des Rührgerätes die Butter, die restliche Milch, den übrigen Zucker, die Eier sowie das Salz zufügen und so lange kneten, bis der Teig eine geschmeidige Konsistenz hat und nicht mehr kleben bleibt. Die Schüssel wieder an einen warmen Ort stellen und zugedeckt weitere 30–40 Minuten gehen lassen, bis sich das Volumen verdoppelt hat. **3.** Zwischenzeitlich Fett in einem weiten Topf oder einer Friteuse heiß werden lassen. Den Teig herausnehmen und auf einer bemehlten Arbeitsfläche ca. 1 cm dick ausrollen und mit dem Teigrädchen Rechtecke von ca. 5 x 5 cm ausrollen. Auch die unregelmäßigen Teigenden in Eckchen schneiden. **4.** Sobald das Fett heiß genug ist (ca. 180 °C), die Teigecken in das Fett gleiten lassen. Nach kurzer Zeit merkt man, dass sich die Oberseite hochwölbt und die typische Kopfkissenform entsteht. Während des Backens die Oberseite immer wieder mit heißem Fett begießen, damit die Striezel auch dort schön braun werden. Nach ca. 3–4 Minuten sind die Striezel gebacken und werden mit dem Schaumlöffel herausgenommen. Auf Küchenpapier abtropfen lassen. Nach dem Abkühlen mit gesiebtem Puderzucker bestäuben.

Süße Kartoffel-Maultaschen

Mit einer Fülle aus Äpfeln oder Birnen, Quark und Rosinen war dieses Gericht gerade das Richtige für die kindlichen Schleckermäuler, die sowieso die Mehlspeisen den Fleischgerichten vorzogen.

FÜR 4 PERSONEN:

KARTOFFELTEIG:
800 g mehlig kochende Kartoffeln | 2 Eigelb | 100 g Mehl | 1 TL Salz | geriebene Muskatnuss

FÜLLUNG:
5 große Äpfel oder Birnen | 200 g Magerquark | 100 g Zucker | 100 g geriebene Hasel- oder Walnüsse | 100 g in Rum eingelegte Rosinen (bei Kindern den Rum weglassen) | ½ TL Zimt | 4 EL zerlassene Butter | Puderzucker

1. Die Kartoffeln kochen, schälen und durch die Kartoffelpresse drücken. Etwas auskühlen lassen. Mit Eigelb und Mehl verkneten, mit Salz und Muskat würzen. Den Teig in acht Teile teilen und entweder zwischen einem aufgeschnittenen Gefrierbeutel oder auf einer mit Semmelmehl bestreuten Arbeitsplatte zu einem ½ cm dicken, möglichst rechteckigen Teigstück ausrollen. **2.** Die Äpfel oder Birnen schälen, entkernen und in feine Scheiben schneiden. Mit dem Quark, dem Zucker, den geriebenen Nüssen, den Rosinen und dem Zimt vermischen und auf die einzelnen Teigstücke verteilen. Die Teigstücke aufrollen und nebeneinander in eine gut ausgebutterte Auflaufform oder Bratreine setzen. **3.** Mit zerlassener Butter bestreichen und im vorgeheizten Backofen bei 200 °C ca. 35 Minuten backen, zwischendurch nochmals mit zerlassener Butter bestreichen. Vor dem Servieren mit Puderzucker bestreuen.

Waffeln

Waffeln sind der Liebling aller Kinder. Es gab sie oft bei Kindergeburtstagen. Die Kinder durften dann selbst das Waffeleisen befüllen, und der Andrang nach Waffeln war dementsprechend groß. Auch heute noch lieben Groß und Klein Waffeln, entweder mit Zimtzucker bestreut oder mit leckerem Himbeerquark dazu. Einfach köstlich.

FÜR CA. 10 WAFFELN:
150 g Margarine | 100 g Zucker | 1 Pk. Vanillezucker | 4 Eier | ½ Pk. Backpulver | 350 g Mehl | ca. 250 ml Milch | 1 Msp. Zimt | evtl. 1 Schuss Rum oder Arrak | Butter zum Fetten des Waffeleisens

1. Die Margarine mit dem Zucker schaumig rühren, nach und nach den Vanillezucker und die Eier dazurühren und einige Minuten rühren, bis sich der Zucker gelöst hat. Die Hälfte des mit Backpulver vermischten Mehles dazurühren, dann im Wechsel Milch und wieder Mehl dazugeben. Zum Schluss Zimt und Rum oder Arrak zugeben. (Essen Kinder mit, den Alkohol einfach weglassen). Die Masse muss einen dicklichen, aber noch flüssigen Teig ergeben. **2.** Das Waffeleisen vorheizen, leicht mit zerlassener Butter einfetten, einen kleinen Schöpflöffel Teig einfüllen und das Eisen schließen. Nach 3–4 Minuten ist die Waffel fertig. Die Waffeln nicht aufeinander legen, denn sonst werden sie weich, und sie sollen doch schön kross bleiben.

Zwetschgen- und Pflaumenmus

Wenn man nach unzähligen Zwetschgendatschis und Zwetschgenknödeln nicht mehr wusste, wohin mit der Zwetschgenmenge, die noch immer an den Bäumen im Garten hing, dann wurde Zwetschgenmus gemacht. Damit wurden dann z.B. die Rohrnudeln gefüllt oder es gab das Mus als Beilage zu Mehlspeisen.

FÜR 8 KLEINE GLÄSER:
3 kg reife Zwetschgen oder Pflaumen | 600 g brauner Zucker | 1 EL gemahlener Zimt | ½ TL gemahlene Nelken | Saft einer Zitrone

1. Die Zwetschgen waschen und entsteinen. Mit dem Multihacker oder dem Messer in kleinere Stücke hacken, mit dem Zucker, dem Zimt, den Nelken und dem Zitronensaft mischen. **2.** In einen Topf füllen und unter ständigem Rühren dick einkochen, das Mus muss dabei dunkel werden. Man kann diese Prozedur auch im Backrohr machen, indem man die Musmasse auf ein tiefes Backblech gibt und im Ofen ca. 3 Stunden bei ca. 160 °C bäckt. Dabei muss auch ab und zu umgerührt werden. **3.** Ist das Mus fertig, wird es sofort in ausgekochte Schraubgläser gefüllt. Diese werden verschlossen, und man lässt sie auf den Kopf gestellt abkühlen.

Zwetschgendatschi

Zwetschgenblootz, Quetschekuchen oder wie immer es mundartlich heißt: Gemeint ist immer der gleiche wunderbare Blechkuchen, nämlich Hefeteig mit den saftigsten Zwetschgen oder Pflaumen vom Baum im Garten belegt. Den gab es nicht nur zum Kaffee, nein, er wurde auch zum Mittagessen serviert und zwar mit einer deftigen Kartoffelsuppe dazu. Leider war die Zwetschgenzeit so kurz, selbst wenn man von den Nachbarn auch noch »späte« Zwetschgen erhielt. Hier das Rezept aus dem handgeschriebenen Rezeptbuch meiner Mutter. Das Schweineschmalz anstelle von Butter macht den Teig wunderbar zart und mürbe.

ZUTATEN FÜR 2 KLEINE BLECHE:
500 g Mehl | 30 g Hefe | 2 EL Zucker | ¼ l lauwarme Milch |
120 g zerlassenes Schweineschmalz | 3 Eigelb | 1 Prise Salz |
2 kg Zwetschgen oder Pflaumen | Zucker und Zimt

1. Das Mehl in eine Schüssel sieben, eine Mulde hineindrücken und darin die zerbröckelte Hefe mit dem Zucker, 5 EL Milch und etwas Mehl vom Rand verrühren. An einen warmen Platz stellen und ca. 15–20 Minuten gehen lassen. **2.** Dann mit dem Knethaken das zerlassene Schmalz, die Milch, die Eigelbe und das Salz hinzufügen und alles zu einem glatten, festen Teig verkneten, der sich von der Schüssel löst. Nochmals an einen warmen Ort stellen und weitere 20–30 Minuten gehen lassen, bis sich das Volumen verdoppelt hat. **3.** Zwischenzeitlich die Pflaumen oder Zwetschgen waschen, entlang der Kerbe einschneiden und den Kern entfernen. Jede Hälfte noch einmal oben mittig einschneiden. Die Backbleche mit Backpapier auslegen, die Blechränder einfetten. **4.** Den Teig teilen, jede Hälfte auf bemehlter Arbeitsfläche zu einem Rechteck ausrollen und den Teig an den Blechrändern ca. 2 cm hoch andrücken. Der Teig sollte dünn sein, dafür ist der Belag dann umso üppiger. Nochmals ca. 15 Minuten abgedeckt gehen lassen. **5.** Den Teig mit den Zwetschgen dicht an dicht belegen und im vorgeheizten Backofen bei 175 °C Umluft ca. 35 Minuten backen. Herausnehmen und gut mit Zucker und Zimt bestreuen.

Register der Rezepte

Die Autorin

Magda Drostel ist begeisterte Köchin und Gastgeberin und lebt in der Nähe des fränkischen Städtchens Gunzenhausen. Stilvolle Dekoration ist für sie untrennbar mit einer gelungenen Einladung verbunden. Bei Thorbecke erschienen von ihr bereits u.a. »Zu Gast in meinem Garten«, »Winterliche Gaumenfreuden« und »Weihnachtsbäckerei wie früher«. Alle Fotos stammen von Magda Drostel.